DE

MONTMARTRE

A

SÉVILLE

CHARLES MONSELET

DE

MONTMARTRE

A

SÉVILLE

PARIS

ACHILLE FAURE, LIBRAIRE-ÉDITEUR

3, BOULEVARD SAINT-MARTIN, 23

1865

DE
MONTMARTRE A SÉVILLE

MONTMARTRE

J'avoue en souriant que j'aime Montmartre, que je l'ai aimé de tout temps, &, puisque Montmartre va bientôt disparaître, ou, du moins, se transformer profondément, je veux consacrer à Montmartre quelques lignes de souvenir.

Comment expliquer cela? Montmartre me fait l'effet d'un de ces pays créés en même temps que la *Bibliothèque bleue* & les images d'Épinal.

Une idée naïve s'y rattache invinciblement. Je me rappelle avec délices les plaisanteries sur l'Académie de Montmartre, sur les moulins « où les enfants d'Éole broient les dons de Cérès », selon l'expression d'un poëte classique, & surtout la fameuse inscription : *C'eſt ici le chemin des Anes.*

Paris me semblerait incomplet sans Montmartre. J'aime, lorsque je passe sur le boulevard des Italiens, à m'arrêter en face de la rue Laffitte & à saluer du regard l'ancienne tour du télégraphe, qui apparaît, dans une verte échappée, au-dessus de Notre-Dame de Lorette.

Et cependant, le Montmartre d'aujourd'hui eſt bien différent du Montmartre d'autrefois. Il a été aplani, rogné, diminué par tous ses abords. Chaque jour, des maisons montent à l'escalade & l'envahissent. Puis, il a perdu une de ses principales curiosités : les carrières, qui ont été comblées. — Elles ouvraient encore, il y a une quinzaine d'années, leurs perspectives myſtérieuses; la plupart offraient des conſtructions régulières; les voûtes étaient soutenues par des piliers. On les traversait en tous sens.

Ces carrières avaient eu trois races très-diſtinctes de locataires : d'abord les animaux antédiluviens, dont les ossements retrouvés ont fourni de si ingénieuses hypothèses à Cuvier;

ensuite les carriers, qui y travaillaient à toute heure de jour & de nuit; & enfin, quand les carriers furent partis, les vagabonds de toute espèce en quête d'un asile, c'eſt-à-dire d'une pierre pour reposer leur front.

Un autre coup porté à la physionomie pittoresque de Montmartre, ç'a été la suppression de sa fête annuelle, une des plus animées & des plus joyeuses, &, par suite, la disparition de son champ de foire, célèbre dans l'univers entier. Après la déchéance du carré Marigny, la place Saint-Pierre était devenue, en effet, le principal refuge des saltimbanques. J'y ai vu les dernières marionnettes convaincues jouer *la Pie voleuse*; j'y ai entendu le dernier saint Antoine supplier, en sautant sur ses genoux :

> Messieurs les démons,
> Laissez-moi donc!

tandis qu'un *paquet* de petits diablotins se ruait en bonds désordonnés contre sa cabane ébranlée par l'orage.

> Non! tu danseras!
> Tu chanteras!

Et c'étaient chaque soir, pendant deux ou trois semaines, sur cette place relativement étroite, un bacchanal, une foule, une démence, des cirques en toile, des dioramas dans des berlines, des tableaux de toute dimension représentant des géantes, des physiciens, le tremblement de terre de la Guadeloupe, le mont Blanc, des oiseaux savants, des albinos, un serpent faisant six fois le tour du corps d'un voyageur, des eſtrades garnies d'athlètes en brodequins fourrés & de danseuses de corde en jupons à paillettes, des parades à coups de pied, de grosses têtes en carton s'agitant sur des tréteaux, un ouragan de piſtons & de clarinettes, des hurlements dans des porte-voix, des réveils de ménagerie & des illuminations soudaines !

Maintenant, sur cette place, c'eſt le silence & c'eſt la solitude. Une ſtatue informe de saint Pierre se dresse au milieu de ces ruines sablonneuses.

On a fait à la butte elle-même une ceinture de planches qui en interdit l'ascension. Plus de promenades à la butte ! Comprenez-vous cela, ô Parisiens de la banlieue ?... C'était aussi une des gaietés de Montmartre, ces parties sur ce coteau escarpé, ces glissades, ces défis, ces envolées de robes claires, ces chutes suivies d'éclats de rire. Il y avait tel dimanche où rien n'était plus charmant à voir que cette fourmilière humaine. Des familles entières étaient assises, laissant pendre leurs jambes au bord des talus; des bourgeois, armés de longues-vues, interrogeaient l'horizon, un horizon sans pareil, une vapeur d'or baignant des milliards de toits, de grands nuages empourprés du côté de l'arc de triomphe de l'Étoile !

Qu'on ne s'y trompe pas : la butte Saint-Pierre eſt, avec la rampe du Trocadéro, un des plus beaux points de vue du monde.

Tel qu'il eſt encore, Montmartre mérite une étude, une aquarelle si vous voulez, car Montmartre se compose de tons très-différents. Ses aspeĉts sont plus variés qu'on ne croirait. Il eſt impossible d'en saisir l'ensemble, même du faîte de la tour Solferino.

Et puis, en fin de compte, il reſte quelque chose du vieux Montmartre; il reſte un village singulier, perché à une hauteur respeĉtable, avec des rues étroites & tortueuses, des masures toutes noires, des cours qui exhalent des odeurs de laiterie, de vacherie, de crèmerie. Les habitants vous regardent passer avec étonnement par la porte à claire-voie de leurs boutiques.

On arrive à ce hameau escarpé par des escaliers assez nombreux, & dont quelques-uns sont d'un effet pittoresque, entre autres celui qui s'appelle passage du Calvaire. On y arrive aussi par une succession de rues tournantes, accessibles aux voitures. Pourtant je ne réponds pas que vous déterminiez une expression de satisfaction bien vive sur le visage d'un cocher, lorsque vous lui jetez négligemment cette indication :

« A Montmartre ! place de l'Église ! »

Elle n'a rien de remarquable, cette église; on va voir, dans le jardin du presbytère, son Calvaire, qui eft aussi célèbre que l'était celui du mont Valérien. Tout alentour, dans la rue des Rosiers, dans la rue de la Bonne, dans la rue Saint-Vincent, dans la rue des Réservoirs, le long de l'ancien cimetière, se cachent des maisons de campagne ravissantes & ignorées, remplies d'arbres de toute espèce & de tout pays ; des retraites silencieuses, touffues, enceintes de vieilles murailles brodées de fleurs. Le plateau compris entre l'église & les moulins eft certainement le point le plus agréable de Montmartre; le versant qui regarde la plaine Saint-Ouen, ourlé par la rue Marcadet, eft tout à fait coquet & riant. Il y a là des ravins, des sentiers, des champs *sérieux,* des damiers de culture, des cabanes de bonne mine. L'œil embrasse une ligne onduleuse de coteaux bleuâtres, au bas desquels apparaît, entre vingt tuyaux d'usines, la basilique de Saint-Denis, veuve de son clocher.

Le côté vilain de Montmartre, le côté pelé, déchiré, tourmenté, eft celui qui commence au

Moulin de la Galette, un des derniers moulins dont la hauteur était jadis couronnée. Deux autres ne sont plus que des squelettes de bois pourri. C'eſt la région des guinguettes, des bals, le dimanche, dans les arrière-boutiques de marchands de vins. La semaine, on n'y rencontre que des terrassiers, occupés auprès des charrettes remplies de gravois. Ces hangars noirs sont des fabriques de bougies, m'a-t-on assuré. J'ai découvert, près de là, un café orné de cette enseigne passablement ambitieuse : *Café des Connaisseurs.*

Ce versant s'incline sur le nouveau cimetière & eſt bordé par la rue des Dames, puis par la rue des Grandes-Carrières.

Tels sont les principaux aspeĉts, assurément particuliers, de Montmartre. Ils ont eu leur peintre spécial dans Michel, un artiſte peu connu, pauvre, bizarre, qui avait trouvé là sa campagne romaine. Les études de Michel n'étaient guère recherchées & guère payées, il y a trente ans, dans les ventes publiques, où elles se produisaient en assez grand nombre. Il eſt vrai qu'elles n'offraient rien de bien séduisant : c'étaient des toiles d'une dimension importante, représentant des carrés de sol, la plupart sans accident, des amas de broussailles avec le ciel à ras de terre, un ciel brouillé, profond, trifte. Mais tout cela était largement peint, d'un ton jufte. Aujourd'hui, les tableaux de Michel sont mieux appréciés; on les paye, sinon un prix élevé, du moins un prix honorable. Ce sont surtout les artiftes qui les achètent.

Dans les nouvelles dénominations de rues, j'aurais souhaité de voir la rue Michel, à Montmartre.

Les deux plus récents hiftoriens de Montmartre sont Gérard de Nerval & M. Léon de Trétaigne.

Le premier, dans sa *Bohême galante,* au chapitre intitulé : « Promenades & souvenirs, » a écrit six de ses pages les plus exquises. Il raconte comment il faillit acheter autrefois, au prix de 3,000 francs, la dernière vigne de Montmartre.

« Ce qui me séduisait, dit-il, dans ce petit espace abrité par les grands arbres du Château des Brouillards, c'était d'abord ce refte de vignoble lié au souvenir de saint Denis. C'était ensuite le voisinage de l'abreuvoir, qui, le soir, s'anime du spectacle de chevaux & de chiens que l'on y baigne, — & d'une fontaine conftruite dans le goût antique, où les laveuses causent & chantent, comme dans un des premiers chapitres de *Werther*. Avec un bas-relief consacré à Diane, & peut-être deux figures de naïades sculptées en demi-bosse, on obtiendrait, à l'ombre des vieux tilleuls qui se penchent sur le monument, un admirable lieu de retraite, silencieux à ses heures... »

A côté de cet abreuvoir s'élève aujourd'hui une maison élégante, dont le propriétaire eft cet aimable Berthelier, le chanteur de chansonnettes & de vaudevilles.

« Il ne faut plus y penser ! — s'écrie Gérard avec ce doux sourire que je revois toujours ; — je ne serai jamais propriétaire ! » Et ses visions d'antiquité lui reviennent de plus belle. Il aurait fait faire dans cette vigne une conftruction si légère ! « Une petite villa dans le goût de Pompéi, avec un impluvium & une cella, quelque chose comme la maison du poëte tragique. Le pauvre Laviron, mort depuis, m'en avait dessiné le plan. »

C'eft ainsi qu'en peu de lignes ce délicat esprit a su dégager toute la poésie agrefte de Montmartre.

Le second hiftorien, dans le sens grave & imposant du mot, eft, comme je l'ai dit, M. Léon de Trétaigne. Ses études sur Montmartre & Clignancourt, conftituant un volume in-octavo, ont paru en 1862. Elles résument tous les travaux précédents & embrassent une période considérable de siècles. C'eft le volume qu'il faut ouvrir si l'on veut connaître les révolutions de cette éminence de terrain depuis le supplice de saint Denis, date à laquelle elle entre violemment dans l'hiſtoire.

Que d'événements importants se sont passés à Montmartre! Que d'hommes fameux y ont paru, pour prier ou pour combattre!

L'empereur de Germanie, Othon II, y a fait chanter un formidable *Alleluia* qui s'entendit jusqu'à Notre-Dame épouvantée.

Le pape Eugène III y a officié solennellement, saint Bernard lui servant de diacre.

Charles VI, au lendemain du *ballet des sauvages,* où il faillit trouver la mort dans les flammes, s'y eſt rendu en pèlerinage, accompagné de toute sa cour.

Ignace de Loyola & François Xavier y ont prononcé leurs vœux & jeté les premières bases de la Compagnie de Jésus.

Henri IV y a établi son quartier général lors de son troisième siége de Paris. On veut même qu'il y ait senti battre son cœur, — qui battait d'ailleurs assez facilement, — pour une abbesse d'un couvent de bénédictines.

A ce même couvent, transformé & purifié, le Régent & le jeune roi Louis XV sont venus maintes fois faire leurs dévotions.

Puis le vent de la Révolution a soufflé; &, sous la Terreur, Montmartre, l'innocent & tranquille Montmartre, a vu son nom changé en celui de *Mont-Marat*.

Tranquille, viens-je de dire ! Ne vous y fiez pas. En 1814, quatre cents dragons y ont lutté héroïquement contre vingt mille hommes de l'armée de Silésie.

Vous voyez que les souvenirs abondent en cette localité.

Ce livre, très-complet, mène le lecteur jusqu'à l'adminiſtration de M. le baron Michel de Trétaigne, père de l'auteur & maire de Montmartre pendant plusieurs années.

MM. de Trétaigne père & fils habitent eux-mêmes, au bas de Montmartre, dans la rue Marcadet, un ravissant domaine composé d'une maison, ou plutôt d'une *petite maison*, ornée de bas-reliefs érotiques, & d'un parc d'une étendue qu'on ne soupçonnerait jamais dans un faubourg parisien. De longues avenues de tilleuls & de marronniers, d'épaisses charmilles, des pelouses immenses, des peupliers gigantesques, des cèdres, des arbres de Judée contribuent à rendre invraisemblable cette propriété magnifique.

Aujourd'hui, le maire de Montmartre eſt M. Leblanc.

Ce n'eſt pas la faute à cet honorable fonctionnaire s'il eſt forcé de signer tous ses actes : *Le maire, Leblanc.*

PARIS

I

L'AURORE

L'aurore ! Ah oui ! une jolie chose, à Paris !

C'eſt d'abord la lutte muette & siniſtre du noir & du bleu, entre deux hautes rangées de maisons. J'habite un faubourg. La vapeur ténébreuse saisit mes mains lorsque je pousse mes persiennes, qui cèdent en se plaignant ; il me semble que je me réveille dans un grand puits. J'ai le frisson.

L'aurore ! Ah oui ! une jolie chose, à Paris !

Cependant les masses commencent peu à peu à prendre du relief. Le coin de rue s'accuse. Je diſtingue les enseignes ; je lis : *Café de l'Union* en lettres jaunes ; plus loin : *Emy & Ce, four-*

nitures pour tailleurs. — Du reste, aucun bruit, pas un murmure. Je suis bien seul. La première boutique qui s'ouvre est celle du marchand de vins ; un garçon transi essuie le comptoir de plomb. — Presque aussitôt j'entends tomber lourdement les volets du boulanger. La vie va commencer : le pain & le vin sont en présence.

L'aurore ! Ah oui ! une jolie chose, à Paris !

En attendant, voici l'armée des balayeuses ; leurs grands balais traînent avec un son monotone sur les pavés qu'ils essuient ; on dirait les ailes d'une chauve-souris battant un mur. Les balayeuses ne voient rien, n'entendent rien ; elles sont tout à leur tâche ; elles se parlent à peine. — Un inspecteur passe, s'arrête, les regarde, & continue sa route. Les balais vont toujours.

L'aurore ! Ah oui ! une jolie chose, à Paris !

Il ne fait pas encore tout à fait clair là-haut ; il fait pâle. — Aux maisons d'en face quelques rideaux ont été écartés ; je vois soulever les vitrages des chambres à *tabatières*, où couchent les cuisinières. En bas, les chiens errants reprennent leur course à travers les ruisseaux. La première charrette se montre.

L'aurore ! Ah oui ! une jolie chose, à Paris !

Les ouvriers se rendent au travail, tenant

sous le bras, comme une conquête, un morceau de pain enveloppé dans un mouchoir de couleur. Ils marchent hâtivement, isolés. Des laitières s'inftallent à leurs places accoutumées sous les portes cochères. L'air fraîchit, les cheminées fument.

L'aurore! Ah oui! une jolie chose, à Paris!

Un *pochard* rentre chez lui. Il a les yeux rougis; son chapeau a dû se heurter contre un plafond trop bas; — aux coudes de sa redingote sont des taches blanchâtres : il s'eft frotté sans doute aux parois d'un escalier. Ce pochard a l'air bon d'ailleurs, il respire bruyamment & fait des haltes pendant lesquelles il parle tout haut & lève les yeux au ciel. Il n'eft pas encore malade, mais il le sera dans une heure; — que la morale se rassure!

L'aurore! Ah oui! une jolie chose, à Paris!

C'eft fini : voici la lumière, voici l'aurore! Elle va teindre de nuances diamantées les murs, les vitres sales, les trottoirs, les balcons, les enseignes, les tuyaux de plomb, les boutiques, les passants. Il va resplendir, mon faubourg!

L'aurore! Ah oui! une jolie chose, à Paris!

II

L'HEURE DE L'ABSINTHE

On avait déjà l'heure du berger; voici venir maintenant l'heure de l'absinthe.

Paris n'est continuellement occupé qu'à se créer des habitudes. A l'habitude du tabac, à l'habitude de la bière, il a ajouté depuis plusieurs années l'habitude de l'absinthe.

Qu'on ne s'attende pas à de banales imprécations contre ce breuvage-émeraude, comme dirait Victor Hugo. Je sais les désordres que son abus entraîne.

Donc, Paris n'avait guère autrefois qu'un seul motif pour aller au café, motif honnête, plausible, celui de savourer, entre six & sept heures du soir,

<small>La fève de Moka dans l'émail du Japon.</small>

Bientôt il s'aperçut que ce n'était pas assez pour lui d'aller au café après dîner; il voulut encore y aller avant.

Dès lors, l'heure de l'absinthe fut imaginée.

L'heure de l'absinthe commence vers quatre heures de l'après-midi.

A ce moment tous les cafés, principalement ceux du boulevard, présentent l'aspect le plus animé. C'eſt la Bourse des oisifs après la Bourse des affairés.

Des groupes de trois ou quatre personnes s'organisent autour de chaque table, — à l'extérieur pendant l'été, à l'intérieur pendant l'hiver.

C'eſt un va-&-vient de plateaux ; les garçons, la bouteille d'absinthe au poing, demandent aux consommateurs :

— Monsieur, pure ou avec de la gomme ?

— Non, avec de l'anisette.

Car il y a cent manières de prendre l'absinthe, & puis aussi de la *faire*, c'eſt-à-dire de la troubler avec l'eau, de la mêler, de la battre, de la lier. J'ai connu des professeurs d'absinthe.

La *Muse verte!* ainsi l'ont baptisée quelques poëtes désespérés.

Un fléau moderne ! a-t-on ajouté. — Pas si moderne, car on trouve dans l'Apocalypse deux versets consacrés à l'absinthe & aux buveurs d'absinthe. L'Apocalypse a tout vu, tout annoncé ; c'eſt encore le livre le plus actuel que nous ayons.

Voici ces deux versets, détachés du chapitre viii :

« 10. Puis le tiers ange sonna de la trompette, & il cheut du ciel une eſtoille ardente comme un flambeau, & cheut en la tierce partie des fleuves & ès fontaines des eaux.

« 11. Et le nom de l'eſtoille eſt *Absinthe*, & la troisième partie des eaux devint absinthe, & plusieurs des hommes moururent par les eaux à cause qu'elles devinrent amères. »

Mais pour peu que la couleur vous effraye ou vous semble suspeéte, leéteur, on a à vous proposer l'absinthe blanche, l'absinthe hypocrite, qui rassure le passant sur votre moralité & lui fait croire que vous buvez de l'orgeat.

Du reſte, ainsi que je l'ai dit, l'absinthe n'eſt qu'un prétexte chez beaucoup de gens. Cela eſt si vrai, que la moitié d'entre eux se font apporter du vermouth, du madère, du marsalla ou du bitter.

Oh! le bitter! — Quelques-uns le prennent en le mélangeant avec du cognac, du curaçao, de la menthe & deux morceaux de sucre. Je m'abstiens de tout commentaire.

Cela n'en eſt pas moins l'heure de l'absinthe.

Elle eſt tellement passée dans nos mœurs, cette heure-là, que rien n'eſt plus fréquent que de surprendre au coin d'une rue le dialogue suivant :

— Tiens! c'eſt vous! Qu'eſt-ce que vous devenez? on ne vous voit nulle part.

— Mais si!

— Où donc?

— Tous les soirs au café de ***.

— A quelle heure?

— A l'heure de l'absinthe, parbleu!

Ainsi, dans cette merveilleuse capitale, s'enrichit & se poétise journellement le langage de Voltaire & de Joseph Kelm.

III

LA VIEILLE MARCHANDE

Le médecin philosophe La Mettrie a fait un pamphlet intitulé *l'Homme-machine*, qui eut jadis un grand retentissement. C'eſt vrai, il y a des hommes-machines, mais pas dans le sens de l'athée La Mettrie. Ce sont de nobles machines, exercées au travail & au devoir. Machines, ces humbles employés que leurs pieds conduisent, depuis trente ans, à la même heure, au même miniſtère! Machines, ces ouvriers courageux qui se réveillent avant le jour, s'habillent à la chandelle & se rendent à l'atelier, les yeux saignants, les mains bleues! Machines, ces braves soldats qui, sur le signe d'un chef, s'en vont porter d'un bout du monde à l'autre le nom & la gloire de la France!

J'ai connu une de ces machines, la plus singulière & la non moins touchante de toutes. C'était une femme du peuple, une vieille femme. Tous les matins, régulièrement, à la première heure, elle venait s'asseoir à l'angle d'une rue du Marais, avec une petite table devant elle, sur laquelle il y avait une douzaine de sucres d'orge, quatre ou cinq oranges & autant de morceaux de pain d'épice. Une fois assise, la vieille femme attendait les chalands.

On a parlé des bohémiennes de l'Espagne, des pauvresses extatiques de l'Orient; la marchande du Marais aurait pu leur donner la main. On retrouverait son portrait dans quelques dessins de Decamps. Elle était vêtue, c'eſt-à-dire couverte, de brun & de noir; hardes amoncelées en paquet & condamnées à une humidité perpétuelle. Aucuns cheveux ne ressortaient sous ses coiffes ténébreuses. Des rides sur sa figure, & encore des rides. Plus de lumière dans son œil, plus d'expression dans sa bouche. Elle avait soixante-dix ans, & elle en paraissait quatre-vingts.

La vieille femme demeurait là toute la journée,

hiver comme été, muette, immobile, ne faisant de geſtes que ceux qu'il fallait pour ranger symétriquement sa rare marchandise; guettant, sans le solliciter, le passage d'un enfant ou le caprice d'une bonne. Mais les enfants, comme les bonnes, vont aux brillants étalages & aux visages souriants. Les gâteaux poudreux de la vieille n'étaient faits tout au plus que pour exciler la convoitise des petits *voyous* en haillons. Il n'y avait que les gens du quartier, habitués à la voir depuis un nombre infini d'années, qui lui achetaient de temps en temps, par charité ou par superſtition.

Quand arrivait la nuit, la marchande tirait de sa poche un morceau de chandelle, qu'elle allumait & qu'elle entourait d'un papier huilé. A ce moment seulement elle se mettait parfois en frais de voix, & elle jetait à travers le vent & la pluie ces paroles tremblottantes :

« Demandez de bons sucres d'orge... de bons pains d'épice... la valence ! »

J'étais habitué à entendre cette pauvre voix en revenant des théâtres; car la vieille marchande reſtait à son poſte jusqu'à minuit, la tête courbée, les mains sous son tablier. Ce tableau qui m'affligeait finit par me révolter. Il devait y avoir là une énigme douloureuse. Il fallait que cette créature fût absolument abandonnée du ciel & des hommes; il fallait qu'elle n'eût ni parents, ni amis, ni voisins; qu'elle fût seule sur la terre enfin!

C'était ce qui me trompait.

Informations recueillies, j'appris qu'elle tenait à une famille d'artisans, dont elle était l'aïeule. Dans cette famille assez nombreuse, tout le monde travaillait, depuis le père jusqu'aux enfants, & même les petits-enfants; tout le monde partait le matin, celui-ci pour l'usine, celui-là pour le chantier ou pour le magasin. La maison restait déserte; on ne s'y retrouvait qu'à l'heure de la couchée, pour se sourire & se dire : « Courage! » C'était pour obéir à cette loi du travail que l'aïeule quittait, elle aussi, chaque matin son grabat, & se dirigeait vers son poste accoutumé. Ombre de marchande exerçant une ombre de commerce! Ayant toujours travaillé, elle voulait travailler toujours, l'attendrissante & sublime machine! Vainement avait-on essayé plusieurs fois de la retenir au logis; vainement avait-on insisté pour l'engager à goûter le repos auquel elle avait tant de droits; on avait toujours trouvé une tête inflexible. Son bénéfice était dérisoire; ses recettes quotidiennes s'élevaient à cinq ou six sous peut-être. N'importe! le principe était consacré : elle faisait son devoir; elle gagnait son pain, comme les autres.

Il n'y a pas longtemps, cet hiver, que, passant par le Marais, je n'ai plus vu la marchande de sucres d'orge.

J'ai compris.

IV

LE PETIT PATISSIER

Le petit garçon pâtissier eſt habillé de blanc de haut en bas ; il a un pantalon blanc, une veſte blanche & une toque blanche.

Sur sa belle toque blanche, son patron a posé une large corbeille où s'étale un glorieux vol-au-vent, flanqué de plusieurs douzaines de petits-fours. Le vol-au-vent fume, les petits-fours fument. C'eſt un plaisir.

Le patron a dit au petit garçon pâtissier :

« Hâte-toi ; la famille Dubroca a commandé ce vol-au-vent pour six heures ; il en eſt six & demie ; tu n'as pas un inſtant à perdre ! La facture eſt sous la serviette. »

Le petit garçon pâtissier part comme une flèche ; mais, au détour de la rue, son pas se ralentit, &, après s'être assuré qu'il n'eſt point suivi, il se plante en contemplation à la devanture d'un marchand d'eſtampes. Le vol-au-vent fume toujours; les petits-fours fument toujours!

Ce n'eſt qu'au bout d'un quart d'heure que le petit garçon pâtissier se décide à continuer sa route, lentement, le nez aux aguets. — Un cheval de voiture s'abat sur le macadam; les sergents de ville accourent pour dresser procès-verbal; la foule s'amasse. Le petit garçon pâtissier eſt au premier rang, avec sa corbeille sur sa toque blanche.

Il va ainsi, s'arrêtant à propos de tout : pour une affiche qu'on pose, pour une partie de billes entre gamins, pour un homme qu'on transporte chez un pharmacien, pour un régiment qui rentre à la caserne.

Heurté par tout le monde, c'eſt miracle si son fardeau conserve l'équilibre. — Le vol-au-vent ne fume plus, les petits-fours ne fument plus.

Cependant la famille Dubroca eſt dans l'anxiété. Elle a envoyé trois fois chez le pâtissier. On se penche toutes les cinq minutes sur la rampe de l'escalier; rien n'arrive. La famille Dubroca maugrée juſtement.

Sept heures & demie sonnent. Aux premiers jets des becs de gaz, le petit garçon pâtissier s'aperçoit qu'il n'eſt plus dans son chemin. Il s'informe; il veut regagner le temps perdu; le voilà qui court. — Oh! l'imprudent!

Comme il passe par une rue déserte, un chien aboie après lui & saute sur sa vefte, qu'il tire à belles dents. Le petit garçon pâtissier veut se débattre. Dans ce débat, la corbeille se renverse & roule à terre, avec son contenu...

Les passants rient, le petit garçon pâtissier pleure. Il ne rentrera pas, ce soir, chez son patron; il sait qu'il serait battu & renvoyé. Sa mère a la main moins lourde; il rentrera chez sa mère. C'eft un bon fils.

Le petit garçon pâtissier eft habillé de blanc du haut en bas : il a un pantalon blanc, une vefte blanche & une belle toque blanche.

Il eft joli comme un amour, même au milieu de ses larmes, & sa corbeille vide à la main.

Mais le petit garçon pâtissier eft trop jeune pour les fonctions importantes dont on l'inveftit si maladroitement à Paris.

Pour *porter en ville* un vol-au-vent & des petits-fours, ce n'eft pas trop de toute la prudence & de toute la célérité d'un homme fait.

V

CEUX QUI NE VEULENT PAS RENTRER CHEZ EUX

— Voyons, messieurs, allez-vous-en... il eſt une heure sonnée... Vous allez me faire trouver en contravention, comme l'autre soir!

Telles sont les paroles que prononcent quotidiennement tous les maîtres des principaux cafés du boulevard à une heure après minuit.

Les habitués ne s'inquiètent ordinairement guère de cette première sommation.

— Cinq-quatre! s'écrie un joueur de dominos.

— Quatre partout! réplique un second.

— François, un bock!

On les croirait chez eux.

Pendant ce temps les garçons vont & viennent & mettent les volets à la devanture, avec un grand bruit de barres de fer & de boulons.

— Messieurs, recommence le cafetier avec un accent déchirant; je vous en prie... la police eſt à la porte. Georges! Eugène! enlevez tous ces plateaux!

Et lui-même monte sur un tabouret pour éteindre le gaz.

Joueurs & consommateurs font entendre un cri de rage. Les plus acharnés sollicitent une bougie, — qu'on leur refuse.

Enfin les volets sont mis. Il ne refte qu'une petite ouverture, par laquelle les habitués s'en vont à regret, un à un, en se baissant — & poussés par le cafetier.

Cette scène-là, je le répète, se renouvelle régulièrement tous les soirs, avec les mêmes individus pour acteurs.

Ce sont, pour la plupart, des gens qui se rattachent à l'art par quelque côté, mais que mène plus encore l'indéfinissable attrait de la vie irrégulière.

Les voilà sur le trottoir du boulevard, abandonnés à eux-mêmes. Vous croyez peut-être qu'ils vont se séparer sur une poignée de main & rentrer chez eux. Ah! bien oui! L'idée leur en traverse un inftant le cerveau. Mais quoi! rentrer chez eux, quand ils étaient si bien à l'entretien commencé; quand leurs coudes étaient si bien façonnés à la table égayante; quand leurs têtes sont précisément montées au diapason qu'il faut pour l'expansion & la faconde! Rentrer, s'enfoncer dans la grande rue lointaine, déserte, silencieuse, qui conduit au repos, au devoir, à toutes les choses sévères! Rentrer eft bien dur, rentrer eft impossible.

Ils ne rentreront pas.

Mais où iront-ils?

Placés dans des conditions riantes de fortune, ils auraient le club pour satisfaire leur amour de la veillée. Mais, à demi pauvres qu'ils sont, il ne leur refte qu'à parcourir les cercles inférieurs (sans calembour) du Paris nocturne, — un enfer médiocre, quoi qu'on en ait écrit.

L'un d'eux propose alors un bouchon myftérieux, où la tolérance eft poussée jusqu'à deux heures. Cette proposition eft acceptée avec reconnaissance. La bière coule de nouveau : toujours la bière! Mais, hélas! deux heures arrivent bientôt, — & la scène du café recommence au bouchon.

Pour la seconde fois ils se retrouvent sur le pavé, moins disposés que jamais à aller se coucher.

Et ils se rappellent avec amertume le temps où les cabarets de la halle restaient ouverts toute la nuit; où Baratte & Bordier ne connaissaient pas d'entr'actes; où les liqueurs coulaient sans interruption sur le comptoir de Chandelier ; où la petite porte étroite de Paul Niquet était comme un arc de triomphe où s'engouffraient continuellement d'éclatants ivrognes!

Ce temps n'eft plus, ô regrets! La Halle, — ce pâle Hay-Market parisien, — s'eft faite pudique & ensommeillée. C'est seulement à partir de quatre heures du matin qu'elle daigne compatir aux supplications des altérés & des amateurs d'huîtres. Quant à Paul Niquet, il est mort, bien mort; & ses descendants intentent des procès aux écrivains qui invoquent son souvenir.

Telles sont les mélancoliques réflexions qui assaillent *ceux qui ne veulent pas rentrer chez eux.*

Il est rare cependant qu'à ce moment suprême il ne se détermine pas soudain, dans leur nombre, un amphitryon qui, décidé à tout, excepté au sommeil, les emmène ordinairement souper dans la salle commune du restaurant Brébant, — ce paradis des noctambules.

Là, grâce aux propos joyeux qui se répondent d'une table à l'autre, les heures s'écoulent. Ils boivent & ils causent, ils fument & ils causent, ils causent sans cesse.

Et lorsqu'ils voient paraître le jour, ils sont triomphants!

LE CROISIC

On m'a parfois reproché de *manquer de paysage*, & d'être, à de certains égards, une nature trop exclusivement citadine. J'avoue que, malgré moi, la civilisation me poursuit sans cesse & partout. En outre, j'ai une manière de voir aussi absolue que naïve. Pour M. Jourdain, tout ce qui n'était pas des vers était de la prose, & tout ce qui n'était pas de la prose était des vers; — pour moi, tout ce qui n'eſt pas la campagne eſt la ville, & tout ce qui n'eſt pas la ville eſt la campagne.

Ensuite, tout se ressemble à mes yeux. C'eſt-à-dire que, selon moi, il n'y a au monde qu'une forêt, qu'une prairie, qu'un fleuve, qu'une grande route, qu'une chaumière, qu'un buisson. Appelez cela Fontainebleau, Compiègne, les Ardennes, cela eft toujours la même chose. Qui me dira si c'eft la Seine ou la Saône, ce cours d'eau qui baigne tant de coquettes maisons, tant d'îles touffues? J'ai beau me déplacer, toujours le même ruban de queue se déroule devant moi, avec les mêmes buissons blancs de poussière & les mêmes moutons conduits par le même chien.

Lundi dernier, j'ai pris place dans le bateau à vapeur qui va de Nantes à Saint-Nazaire. Il y avait chez moi un parti convenu de poésie; ma bonne volonté était tellement manifefte que je n'avais pas reculé devant l'achat d'un Guide & d'une carte, adoptés l'un & l'autre par le conseil de l'Université « dans sa délibération du 19 avril 1850. » Ce simple fait conftituait une modification énorme dans mes habitudes & la plus vafte concession possible à l'usage. Jusqu'alors mon plaisir avait été de voyager dans des conditions d'ignorance crasse, & de pénétrer dans les départements avec la candeur d'un homme qui fait des découvertes.

Cette fois, pendant toute la traversée, mon nez eft refté fourré dans mon livre, avec une conscience vraiment britannique. Mais le moyen de n'être pas rappelé à la civilisation la plus extrême en lisant que « Donges, vis-à-vis Paimbœuf, s'honore d'avoir donné naissance à Évarifte Boulay-Paty, le poëte lyrique couronné avec tant d'éclat par l'Académie française ! »

On met trois heures environ pour aller de Nantes à la mer. L'embouchure de la Loire ressemble à toutes les embouchures des fleuves. L'horizon eft immense, l'air eft vif. — Sur le pyroscaphe qui me transportait, je me suis refusé avec une énergie farouche à lier conversation avec les passagers. Je voyage trop peu pour consentir à associer mes sensations. Et puis il exifte maintenant une classe d'individus qui ont un langage de voyage, comme ils ont un sac de nuit. A peine ont-ils dépassé l'octroi, qu'ils s'empressent de tirer de leur gosier quatre ou cinq mots d'*artifte* qu'ils étalent à tout propos sur leurs discours, comme on étale du beurre sur du pain. Ce sont eux qui, se plantant à côté de vous & regardant ce que vous regardez, disent niaisement : « Ce pays a *du caractère.* »

Ou bien encore : « N'eft-ce pas, monsieur, que le coftume de ces environs a *son cachet?* »

Il s'en eft trouvé un pour me dire : « Comme c'eft *local!* »

Et ils sourient, en attendant une approbation que, pour ma part, je leur refuse implacablement.

Saint-Nazaire m'a vu débarquer par le temps le plus calme du monde. Après avoir fait trois fois le tour de cette bourgade, dans laquelle les prophètes du commerce aperçoivent déjà le port le plus important de France, je me suis enquis d'un carrosse public pour Guérande. On m'a inftallé, moi huitième, dans une petite diligence, regorgeant de séminariftes & de matelots. Les séminariftes causaient à demi-voix de Monseigneur & de la tournée paftorale qui allait prochainement avoir lieu ; les matelots mangeaient ; ils fouillaient avec leurs *euftaches* dans de confidérables morceaux de pain, au milieu desquels étaient introduits d'épais morceaux de lard. Une demi-heure ne s'était pas écoulée que notre diligence odorante semblait une boutique de charcuterie qui marche.

Ce fut alors que je jugeai opportun de jouer à mon bénéfice le drame du ftore.

Les premières proteftations de mes voisins se traduisirent par d'involontaires contractions d'épaules, car le voisinage de la mer donnait une certaine âpreté au vent. Ces excellents Bretons (y compris les séminariftes) ne concevaient rien aux révoltes du plus impressionnable de mes sens : l'odorat. Je tins bon cependant, & deux heures après j'entrai victorieusement dans Guérande, par une de ses quatre portes noirâtres.

Je serais mal venu à tenter une description de Guérande après les trente ou quarante pages superbes que Balzac y a consacrées au début de son roman : *Béatrix ou les Amours forcées*. On ne s'approprie pas une contrée, un peuple, une architecture, avec plus de puissance & de couleur. Le livre en main, j'ai parcouru ces remparts, qui étaient la promenade favorite du vieux chevalier du Halga, & d'où la vue domine l'Océan; j'ai retrouvé avec Calixte la route qui conduisait chez mademoiselle des Touches. Étrange roman, où la fantaisie impérieuse de l'auteur a transporté le *parisianisme* le plus subtil dans un pays nu & pauvre; où les plus hautes queſtions de passion & d'art se débattent au milieu des sables; où passent, imposantes & railleuses, ces trois figures de Camille Maupin, de Conti & de Claude Vignon, dans lesquelles d'indiscrets commentateurs veulent retrouver quelques-uns des traits de George Sand, de Liszt & de Gustave Planche.

Ce dernier eſt celui des trois dont la ressemblance eſt la plus déterminée. Je demande à rappeler les lignes principales de ce portrait, un chef-d'œuvre : « Le front immense, haut & large de ce jeune homme, chauve à trente-sept ans, semblait obscurci de nuages. Sa bouche ferme & judicieuse exprimait une froide ironie. Claude Vignon eſt imposant, malgré les dégradations précoces d'un visage autrefois magnifique & devenu livide. Entre dix-huit & vingt-cinq ans, il a ressemblé presque au divin Raphaël; mais son nez, ce trait de la face humaine qui change le plus, s'eſt taillé en pointe; mais sa physionomie s'eſt tassée pour ainsi dire sous de myſtérieuses dépressions; les contours ont acquis une plénitude d'une mauvaise couleur; les tons de plomb dominent dans le teint fatigué, sans qu'on connaisse les fatigues de ce jeune homme, vieilli peut-être par une amère solitude & par les abus de la compréhension. Il scrute la pensée d'autrui sans but ni syſtème. Le pic de sa critique démolit toujours & ne conſtruit rien. Ainsi sa lassitude eſt celle du manœuvre & non celle de l'architecte. Les yeux d'un bleu pâle, brillants jadis, ont été voilés par des peines inconnues ou ternis par une triſtesse morne... Les tempes ont perdu de leur fraîcheur. Le menton, d'une incomparable diſtinction, s'eſt doublé sans noblesse. Sa voix, déjà peu sonore, a faibli; sans être éteinte ni enrouée, elle eſt entre l'enrouement & l'extinction. L'impassibilité de cette belle tête, la fixité de ce regard, couvrent une irrésolution, une faiblesse, que trahit un sourire spirituel & moqueur. Il eſt un détail qui peut expliquer les bizarreries du caractère. L'homme eſt d'une haute taille, légèrement voûté déjà, comme tous ceux qui portent un monde d'idées... Claude Vignon se contemple dans l'étendue de son royaume intellectuel, & abandonne sa forme avec une insouciance diogénique... C'est le Turc de l'intelligence endormi par la méditation. La critique eſt son opium, & son harem de livres faits l'a dégoûté de toute œuvre à faire. »

Portrait ou type entrevu, voilà à coup sûr un excellent morceau de ſtyle & de pensée.

Ce n'eſt pas seulement à Guérande que Balzac a marqué sa trace; le matin, j'avais passé en bateau à vapeur devant le village de la Basse-Indre, dont il eſt tant parlé dans *Mercadet*. La Loire-Inférieure a été deux fois heureuse au grand écrivain.

Trois petites lieues séparent Guérande de la presqu'île du Croisic, où j'ai fixé le terme de mon voyage; je les parcourus en cabriolet par une nuit claire, à travers des marais salants qui brillaient. Chemin faisant, l'idée amère que je *manquais de paysage* me revenait à l'esprit & me rendait chagrin. Se pourrait-il en effet qu'on prît ma discrétion pour de l'insensibilité? — J'éprouve un involontaire sentiment de pudeur à trahir les émotions que je ressens à l'aspect d'un ciel étagé d'une certaine sorte, ou en présence d'une immensité déserte & phosphorescente, comme celle que je traverse en cet inſtant. Les mots me semblent chétifs pour rendre l'espèce d'oppression dont je suis saisi & le respect qui fait ma figure pensive.

Me voici au Croisic.

—

— « Pardon, monsieur, voulez-vous avoir la bonté de me donner votre nom ? »

Ainsi me parla, le lendemain matin, une petite bonne de l'établissement des bains du Croisic, en me voyant me diriger vers la plage avec l'impatience naturelle à un Parisien. Je lui donnai mon nom, ou plutôt je le lui dictai, ce qui me permit de jeter un coup d'œil, entre les ailes de sa coiffe, sur le regiſtre des voyageurs. La première chose qui me frappa fut ce paragraphe : « Du 24, une bouteille de rhum pour madame la comtesse. » Et un peu plus loin : « Du 30, une bouteille de kirsch pour madame la comtesse. »

Je donnai aussi mon âge & mon domicile habituel; mais, quant à ma profession, je me parai vaniteusement du titre de *rentier*. Que la Société des gens de lettres me pardonne ! Ces formalités épuisées, on me permit d'aller me promener sur la jetée du Croisic, qui n'a de parapet que sur un seul côté; mesquinerie, d'où pourraient résulter d'incalculables périls au cas où l'on y rencontrerait un de ces jettatori que la superſtition napolitaine commence à imposer à la crédulité parisienne.

Depuis la veille, je n'avais pas ouvert mon Itinéraire; je pensai que c'était le moment d'y revenir : « LE CROISIC; 2,402 habitants. Les étymologiſtes font dériver le nom du Croisic du mot celtique *groaz,* qui signifie grève, sable, & auquel ils ajoutent la terminaison *ic,* diminutif breton. L'intérieur du Croisic eſt triſte, assez mal bâti, pavé de gros cailloux. » Très-bien. C'eſt précisément là ce qu'il me faut, car j'ai soif de désolation, d'aridité, de monotonie : 2,402 habitants, c'eſt beaucoup, c'eſt trop.

Au bout de la jetée, je comptais m'asseoir; mais pas le moindre banc de pierre ou de bois. Reſte debout, sybarite; ce sera plus breton!

La mer eſt encaissée à cet endroit; &, de quelque côté que le regard se tourne, il aperçoit une île, un phare, un rocher, une langue de sable, enfin tout ce qui peut servir de prétexte à la terre pour s'imposer. En réalité, cette jetée n'offre donc qu'une fatigue sans récompense.

Il m'a paru plus intéressant de reprendre le chemin de la grève & d'aller chercher l'Océan à la pointe du Croisic. Je l'y ai trouvé dans toute sa majefté. Pas d'arbres derrière moi, une végétation nulle. A mes pieds, des entassements de pierres, les unes plates, les autres perpendiculaires & semblables à des buffets d'orgues. Là encore, *Béatrix,* qui eft le véritable guide de ce côté du département, se charge de m'ôter toute envie descriptive; le tableau eft complet; rouvrez le livre avec moi, chers lecteurs, & partagez mon plaisir : « Du côté de la mer, la presqu'île du Croisic eft bordée de roches granitiques dont les formes sont si singulièrement capricieuses qu'elles ne peuvent être appréciées que par les voyageurs qui ont été mis à même d'établir des comparaisons entre ces grands spectacles de la nature sauvage. Ni les côtes de la Corse, où le granit offre des récifs bien bizarres, ni celles de la Sardaigne, où la nature s'eft livrée à des effets grandioses & terribles, ni les roches basaltiques des mers du Nord n'ont un caractère si complet. La fantaisie s'eft amusée à composer là d'interminables arabesques où les figures les plus fantaftiques s'enroulent & se déroulent. Vous rencontrez sous une voûte naturelle & d'une hardiesse imitée de loin par Brunelleschi, car les plus grands efforts de l'art sont toujours une timide contrefaçon des effets de la nature, une cuve polie comme une baignoire de marbre & sablée par un sable uni, fin, blanc, où l'on peut se baigner sans crainte dans quatre pieds d'eau tiède. Vous allez admirant de petites anses fraîches, abritées par des portiques grossièrement taillés, mais majeftueux, à la manière du palais Pitti, cette autre imitation des caprices de la nature. Les accidents sont innombrables; rien n'y manque de ce que l'imagination la plus dévergondée pourrait inventer ou désirer. »

C'eft vrai. Mon désir de solitude & de poésie était exaucé surabondamment. Aussi m'oubliai-je là pendant plusieurs heures, & oubliai-je *les bruits du monde*.

Des traces de pas humains m'apparurent enfin; bientôt je me vis en face d'une partie de la population représentée par une trentaine de jeunes filles groupées autour d'un bateau chargé de sel. Elles avaient les jambes nues & leurs jupons étaient relevés jusqu'au-dessus du genou : ne pouvant avoir de la pudeur par en bas, elles étaient, en revanche, hermétiquement enveloppées par en haut. Mon Itinéraire ne m'avait pas menti : « L'induftrie de ce canton eft salicole; la saline eft un relai de mer disposé pour la criftallisation du sel; la forme & l'étendue n'en sont presque jamais les mêmes. »

A quelques pas, ma satisfaction fut extrême d'apercevoir une pierre celtique, plantée perpendiculairement dans le sol, à la façon d'un obélisque.

Je bornai là mon excursion le premier jour, & je donnai le reste de mon temps à la civilisation. Rentré au Croisic, je me mis à la recherche d'un barbier, mais inutilement; j'eus beau interroger les enseignes, chercher de l'œil une boutique peinte en bleu, épier le balancement d'un plat de cuivre, rien, absolument rien. Je pris le parti de pousser la première porte venue & de demander au premier visage qui vint se placer à un mètre du mien : — Le perruquier du Croisic, s'il vous plaît? — C'est moi, répondit un jeune garçon. — Mais pourquoi n'avez-vous pas d'écriteau? lui dis-je. — Oh! nous sommes bien assez connu, monsieur!

Je n'insistai point.

L'établissement des bains de mer, fondé en 1846 par un très-intelligent millionnaire de la Touraine, M. Deslandes-Orière, a l'aspect un peu sévère d'une caserne. On y pratique particulièrement l'hydrothérapie à l'eau de mer; j'y ai vu de belles & très-vastes étuves dans le goût romain, toutes dallées en marbres de couleurs différentes. Heureux malades! Comme ils peuvent prendre de magnifiques douches : douches en colonne, douches en pluie, douches en poussière & douches *écossaises!*

L'état brillant de ma santé me permettant de n'accorder qu'un intérêt relatif à cet appareil médical, j'ai abrégé ma visite aux piscines pour m'informer du salon de conversation, — &, comme incidemment, — de la salle à manger. Au salon m'attendait une humiliation profonde. Après avoir cherché sur les banquettes de velours & le long des pianos quelque *figure de connaissance,* je me suis rejeté sur la table des journaux, où, sans choix, j'ai ouvert *la Patrie.* Comme il s'en fallait d'une heure encore que le dîner fût servi, je me vouai à la lecture scrupuleuse de ce journal : quels ne furent pas mon étonnement & ma honte, lorsque, m'avisant d'en regarder la date, je m'aperçus que je venais de lire un numéro du mois de septembre de l'année dernière. Eh bien! franchement, je ne m'en serais jamais douté.

Il était écrit, du reste, que je devais marcher de déception en déception. J'avais vu que le nom du Croisic dérivait de *groaz,* qui signifie sable, & voici ce que je lis maintenant dans un second Guide tombé sous ma main : « Le Croisic; 2,000 habitants. Les armes de cette ville étaient une croix & quatre hermines, allusion symbolique au nom du Croisic, que certains auteurs font dériver du mot croix, *croazic* en breton, petite croix. » Auquel se fier?

Alfred de Musset affectionnait ce coin de l'Océan, & il y eft venu souvent. Peut-être y a-t-il pris ce nom de Croisilles donné au héros d'une de ses plus spirituelles nouvelles.

Le homard eft l'élément principal des tables d'hôte bretonnes; on l'y sert en buissons, comme les écrevisses. Les petits moutons noirs de l'endroit, que l'on voit toute la journée chercher un brin d'herbe entre deux coquillages, fournissent de médiocres côtelettes & de plus médiocres gigots. En revanche, la pâtisserie eft traitée avec soin. — Nous n'étions guère qu'une trentaine de personnes à table, l'ouverture des bains de mer n'ayant eu lieu que depuis quelques jours. Cependant il y avait l'Anglais indispensable & plusieurs demoiselles du département. Tout ce monde était fort silencieux; en ce qui me concerne personnellement, je n'élevai la voix que pour offrir du vin à ma voisine, mais cette tentative loquace fut presque aussitôt réprimée. Je concentrai alors mon intelligence sur le cercle de mon assiette, &, pour me diftraire, *je mangeai de tout,* comme les enfants.

La même petite bonne qui m'avait inscrit le matin sous le titre de rentier, & à qui cette qualification inspirait sans doute quelque eftime pour moi, m'indiqua pour accomplir ma digeftion une promenade à un tertre peu diftant, qu'on appelle le Mont-Esprit. On y monte par un sentier en colimaçon, bordé d'un buisson & de touffes de violiers. Au sommet, on embrasse dans toute son étendue l'anse si bizarrement échancrée du Croisic, & sur la gauche on a le coup d'œil de la pleine mer.

Je ne pus pas rester sur le Mont-Esprit aussi longtemps que je l'aurais désiré. C'était le soir, & la journée avait été très-chaude. Autour de moi, à mes pieds, sur ma tête, une nuée de hannetons enivrés voletaient & bourdonnaient dans la vapeur du crépuscule. Quelques-uns venaient donner contre mon chapeau, d'autres s'abattaient en roulant dans la poussière. Un bruit! une importunité! Je fus forcé de leur céder la place.

—

Voilà huit jours que je suis au Croisic, — *petite croix* ou *banc de sable*. Les baigneurs sont arrivés. Cela va ressembler à tout, excepté à la Bretagne. De longs messieurs, revêtus d'étoffes de couleur tendre, la tête couverte d'un petit armet de Mambrin, & tenant entre le pouce & l'index de la main droite un soupçon de canne, se montrent régulièrement sur la plage. Quelques crinolines les suivent, enfermant des femmes de condition. On tâte le pouls à la mer, on ne lui trouve pas l'écume bonne.

Parfois un de ces messieurs se décide; il est imité par une de ces crinolines. Ils entrent dans ces cabanes de bois dont l'agglomération fait songer à des capucins de cartes. Papillons tout à l'heure, les voilà chenilles maintenant, chenilles rayées, bleues, jaunes, rouges. Ils se donnent la main, comme pour une contredanse, & ils s'avancent en mesure vers l'Océan, qui semble leur servir d'orcheftre. Pendant un quart d'heure, ils se dandinent aux câbles que retient un quinconce de poteaux, — & ils ont pris un bain de mer.

Les journaux arrivent tous les jours; on s'y cramponne avec une ardeur qui m'étonnait dans le principe & qui à présent ne m'étonne plus. Moi-même, j'ai depuis mon séjour, sur ma table de nuit, un morceau du *Musée des Familles* retrouvé dans ma malle, & que je relis machinalement chaque soir. Il y eft queftion de pêcheurs danois & de divers phénomènes de l'électricité. C'eft le pendant, pour moi, du cornet de tabac de La France, dans le *Voyage sentimental*.

Je commence néanmoins à être un peu gêné par le contact des robes splendides qui débordent sur moi, de chaque côté, à la table d'hôte. Les femmes font trois toilettes. J'ai bien essayé de me mettre à l'unisson en arborant successivement les quatre cravates que j'ai apportées de Paris ; mais c'était une lutte insensée, & j'ai fini par me renfermer dédaigneusement dans la majesté d'un immuable habit noir.

Les gens qui aiment à parler haut & à accaparer l'attention publique sont également arrivés ; aussi les repas ont-ils une animation que j'avais été impuissant à leur communiquer le premier jour. — On ne danse pas encore, mais on dansera la semaine prochaine. En attendant, on fait de la musique ; une jeune fille du Morbihan exécute sans relâche le quadrille de la *Fête des Oiseaux à Quimperlé,* que je saurai bientôt par cœur, comme mon fragment du *Musée des Familles.*

Mes journées se passent en promenades de la pointe du Croisic à la plage du Pouliguen, & en visites au bourg de Batz, qui est un bourg d'opéra-comique, où les habitants portent la culotte & le chapeau à la Henri IV.

Mais, hélas ! à quel spectacle viens-je d'assister au retour d'une de ces visites ! Les voitures de Saint-Nazaire & de Savenay, doublées, triplées, jettent en ce moment sur la plage une soixantaine d'hôtes nouveaux. Je les reconnais bien : ce sont des pianiftes, ce sont des généraux, ce sont des dames aux perles; c'eft le luxe, c'eft le plaisir, c'eft la mode; c'eft tout le monde enfin, puisque c'eft Paris. Paris s'abat sur le Croisic.

Allons ! je partirai ce soir.

SAINT-MALO

Je ne vous engage pas à fredonner dans les rues de Saint-Malo l'ironique refrain : *Bon voyage, monsieur Dumollet !* La vieille ville des corsaires n'a pas pardonné à Désaugiers ses irrévérencieux couplets, & si vous n'avez plus à craindre le coup de dent de ses chiens, vous n'en devez pas moins redouter le coup de dent de ses habitants. — Je suppose que tout le monde connaît la légende des chiens de Saint-Malo; néanmoins, qu'on me permette de faire comme si personne ne la connaissait.

Au temps où Saint-Malo n'avait pas de quais & où la marée haute venait battre le seuil des portes de Saint-Vincent & de Dinan, la garde des remparts était confiée à vingt-quatre dogues de la plus terrible taille, que l'on déchaînait tous les soirs, à dix heures, après avoir eu le soin de les entretenir dans un état de jeûne bien fait pour exaspérer leur zèle. Ces molosses jouirent longtemps d'une grande réputation & d'une non moins grande considération. La renommée avait porté leurs aboiements sur tout le littoral. Mais ce mode naïf de surveillance devait tôt ou tard avoir son danger ; par une nuit plus sombre que de coutume, un officier de marine périt sous leurs crocs. Il ne paraît pas cependant que les chiens de Saint-Malo furent immédiatement destitués.

Tout cela n'eft pas très-comique, sans doute ; mais la jovialité française s'accommode des moindres cataftrophes. Trente-huit ans après la mort de l'officier de marine, Paris se pâmait de rire devant les lazzis de Brunet, qui venait d'ajouter un type burlesque à la galerie déjà usée des Jocrisse & des Cadet-Roussel. Le personnage de M. Dumollet parut pour la première fois, comme rôle épisodique, dans *les Trois Étages ou l'Intrigue sur l'escalier*, vaudeville en un acte, par Désaugiers, joué en 1808 sur le théâtre des Variétés. Pourceaugnac ou Dumollet, c'eft le même caractère ; il s'agit encore d'un prétendant niais, que l'on éconduit avec force myftifications. Brunet illumina ce vaudeville, dont le principal mérite consiftait dans le décor, représentant un escalier. Dès que la création de Dumollet fut adoptée, son auteur la mit à toutes les sauces. L'année suivante vit paraître *le Départ pour Saint-Malo ou la Suite des Trois Étages*, avec le même décor & les mêmes acteurs. La pièce se terminait cette fois par le chœur d'adieux devenu si célèbre :

AIR : *Bonne fête, monsieur Denis.*

Bon voyage,
Cher Dumollet !
A Saint-Malo débarquez sans naufrage.
Bon voyage,
Cher Dumollet,
Et revenez si ce pays vous plaît !

De ce moment la gloire de Dumollet ne connut plus de limites; les poëtes de la rue s'en emparèrent; on entendit crier *les Adieux de M. Dumollet à la capitale*, *les Trente-deux Chansons de M. Dumollet*; il y eut même, je crois, un *Almanach de M. Dumollet*. Désaugiers revint à la charge & donna, en 1810 : *Il arrive! il arrive! ou Dumollet dans sa famille.* On eut alors le spectacle de Dumollet père; de madame Dumollet & de Dumollet cadet représenté par Potier. Selon moi, cette farce est la meilleure; c'est du moins la plus extravagante & la plus bourrée de jeux de mots. Brunet y faisait son entrée sur un âne, & comme on le renversait en l'embrassant : « Je tombe de mon haut! »

disait-il. Il rencontrait un perruquier, qui lui expliquait comment il avait joint à son art la profession de restaurateur : « Voilà comme je fais : le plat à barbe d'une main & la casserole de l'autre... — Oui, vous rasez, & ça cuit, » répondait Dumollet. Dans cette pièce seulement, les fameux chiens jouent leur rôle; on les entend aboyer dans la coulisse, & l'on voit accourir Dumollet, les bas en lambeaux. « Ah! mon Dieu! s'écrie son père, qui t'a mis dans cet état? — Qui? qui? vous êtes de Saint-Malo, & vous me le demandez! »

Désaugiers usa la vogue : deux ans après il fit *le Mariage de Dumollet;* mais le caprice du public avait tourné, d'autres types étaient survenus; on souhaita définitivement à celui-ci *bon voyage.* Les gens qui voient & mettent de la politique dans tout avaient essayé un instant d'en faire une caricature politique : ils avaient chuchoté le nom de Louis XVIII. C'étaient les mêmes badauds qui devaient plus tard chantonner : « *Rendez-nous notre père de Gand!* »

Mais qu'avaient pensé les Malouins en se voyant ainsi livrés au ridicule, eux & leur ville? J'ai peine à croire qu'aucune protestation, collective ou particulière, ne se soit élevée parmi ces Bretons si chatouilleux, si mal endurants. Ceux que j'ai interrogés à ce sujet se sont contentés de me regarder de travers & de changer d'entretien.

Lorsque Saint-Malo n'amène pas sur les lèvres la chanson de *Monsieur Dumollet*, il éveille infailliblement la romance non moins célèbre du *Beau Rocher de Saint-Malo*

Que l'on voit sur l'eau !

Ce rocher, dont on pourrait avoir une haute idée, n'eft qu'un rocher plat, assis au milieu de la mer & relié à la terre par une étroite chaussée appelée *le Sillon*. Les poëtes l'ont comparé à un navire à l'ancre, les réaliftes à une poêle à frire retenue par son manche. — Quand plus tard j'ai vu Cadix, un ressouvenir m'eft venu : j'ai cru revoir Saint-Malo, mais Saint-Malo tout badigeonné de blanc, avec des dômes & deux ou trois palmiers.

Arrivé à Saint-Malo, sans naufrage, par l'*impériale* de la diligence de Rennes, je descendis à l'hôtel de France, le premier qu'on rencontre en venant par terre, & le seul où j'eusse le désir de descendre, car c'eft le lieu de naissance de Chateaubriand. Seulement le prix élevé auquel l'hôtelier, juftement renseigné sur la valeur littéraire de l'auteur de *René* & d'*Atala*, me cota son berceau, ne me permit que de prendre la chambre au-dessus. J'en fus récompensé par un point de vue plus étendu que celui qui frappa les premiers regards de « François-RENÉ de Chateaubriand, fils de haut & puissant René-Auguste, comte de Combourg, & de haute & puissante dame Apolline-Jeanne-Suzanne de Bedé de la Bouëtardais. » Il eft né dans une cuisine. Je m'inftallai dans une mansarde.

De quelque modeftie que je cherche à m'envelopper, je ne pus m'empêcher de me rappeler, à l'heure où je mis le pied dans cet hôtel, que le directeur de *la Presse*, M. Emile de Girardin, m'avait chargé, en 1848, moi jeune homme, moi inconnu, d'écrire en son journal la préface des *Mémoires d'Outre-Tombe;* &, sous l'escalier qui conduisait à ma mansarde, je courbai la tête inftinctivement comme sous la main invisible du génie.

Je vis deux choses en ouvrant ma fenêtre : la mer d'abord, — immense, verte & légèrement frisée par places, à cause des nombreux écueils désignés dans le pays sous le nom de *Cailloux;* — ensuite, un rocher rattaché par un lien à Saint-Malo, comme Saint-Malo eft rattaché à la terre. Sur le flanc de ce rocher, je diftinguai une croix & une grille, & je compris que j'avais en face de moi le tombeau de Chateaubriand.

Déterminé à trouver d'autres choses à

Saint-Malo, je parcourus la ville dans tous les sens, après en avoir préalablement fait le tour sur les remparts, ce qui ne me prit pas plus d'un quart d'heure. On ne peut se souftraire à l'impression imposante de cette ceinture de murailles sans cesse battues & rongées par la mer, de ces forts signés Vauban, & de cette énorme tour de Quiquengrogne, monument d'une royale insolence, qui doit son nom, dit-on, à ces paroles hautaines de sa fondatrice, la reine Anne : « *Qui qu'en grogne, ainsi sera; c'eft mon plaisir!* »

Pendant plus de dix ans M. Victor Hugo a annoncé un roman intitulé : *la Quiquengrogne.*

Saint-Malo eft peu fécond en diftractions, autant que j'ai pu en juger par un séjour de près d'une semaine. Il ne faut demander à ces petites villes que ce qu'elles peuvent donner, c'eft-à-dire le point de vue.

Le musée renferme les portraits de tous les Malouins célèbres, depuis Duguay-Trouin jusqu'à l'abbé Trublet. Un tableau représente la translation du corps de Chateaubriand (toujours Chateaubriand!) : on y diftingue, parmi les *autorités*, deux poëtes des environs, tous deux morts aujourd'hui, M. Édouard Turquety & M. Hippolyte de la Morvonnais.

Je me suis enquis du théâtre auprès du propriétaire de mon hôtel ; il n'y eft jamais allé. Sa femme me dit : « — Dame ! c'est assez difficile... là haut... au fond d'une cour... » Seul, je finis par trouver. O mélancolie ! quinze personnes assistent au *Médecin des enfants*.

L'*ouvreur*, qui s'ennuie, entre en conversation avec moi pendant les entr'actes ; il me dit les belles soirées du théâtre de Saint-Malo. Il a surtout présents à la mémoire deux faits prestigieux : une représentation de Rachel, & un bal offert au prince de Joinville. « Tout était *velouré* du haut en bas, » me dit-il.

Les appartements à Saint-Malo se louent pour la Saint-Gilles, le 1ᵉʳ septembre.

DE DINAN A Sᵀ-THEGONNEC

―――

I

A Gustave B.

D'abord je t'avais écrit cette lettre en langue bretonne; même j'étais assez satisfait de mon exorde: « *Diskoueset hoc'h eus d'in en quemen a darvoud, penaus e oac'h eus va mignonet, ma c'hallan bremâ en em servijont ac'hanoc'h er galit-se.* »

Puis j'ai rabattu de mon exaltation locale, & je me suis traduit moi-même en dialecte de la rue Vivienne. Tu apprécieras, je l'espère, cette concession, & tu excuseras les assonances que je n'ai pas eu le temps de retrancher.

II

Depuis Rennes, j'ai retrouvé la diligence & tous les usages qui se rattachent à ce véhicule fabuleux : l'employé qui vous répond à peine, les arrhes, le conducteur enluminé ; — poussière & secouée de grelots !

Malgré tout cela, j'aime la diligence; je la préfère au chemin de fer, parce qu'elle me met en communication plus intime avec le paysage, parce qu'elle me fait vivre un inftant de la vie de ceux qui passent, & enfin — parce qu'elle va plus vite.

Plus vite, oui, vraiment ; c'eft du moins ce qu'il me semble, à moi qui n'ai qu'une idée confuse des diftances & qui crois avoir fait beaucoup de chemin quand les chevaux ont bien piaffé, les roues bien sonné, les vitres bien tremblé, le poftillon bien juré.

Bien juré, poftillon ! — Bien rugi, lion ! — Je l'entends encore, sur la route de Dinan à Saint-Brieuc, faisant claquer son fouet, dont la corde capricieuse & agile menaçait mon œil à chaque inftant, car j'étais sur la banquette.

Voici la chanson du poſtillon, telle que je l'ai notée pendant les relais : « Hue!... ktt, ktt, ktt, ktt, kttt..., hue, Péchard!... haï donc... Oôôô... Hé, toi, vas-tu te ranger là-bas!... Cré vingt dieux!... Hue, Jean-Marie!... tchok, tchok, tchok.

« Là, là là... hue, carcan!... Qué qu'il a donc aujourd'hui?... Hue! hue!... Caporal de bon Dieu!... ktt, ktt, ktt, ktt... Y aura de l'eau, ben sûr... hue! »

Une fois j'ai essayé de me jeter en travers de ce monologue, & je n'ai pas été récompensé de ma tentative. — « Serons-nous arrivés dans une heure à Lamballe? » lui ai-je demandé.

Il ne m'a pas répondu & il a frappé plus fort ses bêtes; mais au bout de cinq minutes il a grommelé : — « Ah! ben oui, dans une heure! Vous avez ben le temps encore de gratter vos puces. »

Gracieuse image! Je me suis alors retourné vers le conducteur, un philosophe emmanché d'un brûle-gueule, à l'entretien laconique, mais ſubſtantiel. « — Quel eſt cet édifice? » lui ai-je demandé.

« — C'eſt la filature à M. Bourdais, » m'a-t-il répondu sans me regarder. Désespérant de conquérir les sympathies de ces deux hommes & de me faufiler dans leur intimité,

J'applique mes regards à la route, au pays, qui n'a rien de particulièrement breton, en dehors des ajoncs dont il eſt semé. L'ajonc, dont la belle couleur rend rêveur, —

Eſt une excellente nourriture pour les chevaux, après qu'il a été écrasé & pilé; il leur communique du feu, de l'entrain. Partout je vois des femmes qui travaillent à la terre.

Où donc sont les hommes? Ils sont en mer, & non ailleurs. On n'en a trouvé que trois, cette année, pour la conscription, dans le canton de Pleurtuit,

Qui compte cependant près de cinq mille habitants. Tous mettent leur gloire à être marins de père en fils; leur orgueil a une hauteur froide que rien ne dépasse.

Il n'eſt pas rare d'entendre un capitaine dire à l'un de ses matelots, avec un accent de mépris : « Tu n'es qu'un soldat! »

Le coſtume des Côtes-du-Nord eſt fort simple : de petites coiffes pour les filles, de grands chapeaux pour les garçons. « Il faudra bientôt songer à marier nos coiffes & nos chapeaux, » dit le père de famille.

Ces petites coiffes, blanches & plates, sur une robe toujours sombre, ont reçu le surnom pittoresque de *têtes de pipes*.

Aux approches de Saint-Brieuc, il y a un bourg

qu'une plaisanterie immémoriale a rendu fameux dans les annales des Messageries.

Lorsque vous demandez le nom de ce bourg, le conducteur, soulevant sa casquette, ne manque jamais de vous répondre : « *Passe-cocu.* »

III

A Guingamp le réveil a été charmant. Il pleuvait dru, bien que ce fût un dimanche; mais les cloches lancées à toute volée; mais les habitants parés & braves, —

Proteftaient contre la malhonnêteté du temps. Dès cinq heures du matin, c'était par la ville une traînée de sabots assourdissante. A Guingamp le réveil a été charmant.

Une assourdissante traînée de sabots & une joyeuse mêlée de parapluies de toutes les couleurs. Le parapluie eft la seconde dévotion du Breton, le parapluie pesant, en gros coton, pouvant abriter une maisonnée.

Quel bonheur de *sortir* le parapluie, de le promener, de lui faire prendre l'air !

Parmi les gens de Guingamp, quelques-uns, ne se contentant pas d'un seul parapluie, en portaient sous le bras jusqu'à trois : — celui-ci pour leur belle-sœur, celui-là pour M. Le Goz, & le dernier en cas de rencontre.

A Guingamp le réveil a été charmant. Le propriétaire de l'hôtel de France m'a offert un verre de liqueur de cachou, que je ne connaissais pas encore. Ensuite je suis allé à la messe.

L'église en granit noir eſt d'un grand & étrange effet; au-devant d'un de ses portails, je remarque un saint sculpté & peint, de grandeur naturelle, — & armé d'un tranche-lard.

Je n'ose m'enquérir du nom de ce vénérable personnage, dans la crainte qu'on ne me suppose une intention de moquerie. A Guingamp le réveil a été charmant.

IV

Je viens de contempler le crâne de saint Yves, le patron des avocats.

Le crâne de saint Yves eſt à la cathédrale de Tréguier. Le reliquaire qui l'enferme eſt placé sur le haut d'une tablette, dans une armoire de la sacriſtie.

Une couronne de roses blanches orne son

front jauni. Il refte encore quelques dents à cet avocat.

Morne ville que Tréguier! Brizeux parle de ses chanteurs renommés; je les ai cherchés vainement.

Et pourtant je ne suspecte pas Brizeux;

Mais depuis les livres de cet honnête cœur le temps a marché, emportant chaque jour un peu de la tradition bretonne & des vieillards bretons;

Et la poésie, sans se retirer absolument de ce coin de terre, s'eft assoupie sous le manteau de la cheminée, les pieds dans la cendre,

Ne retrouvant sa harpe qu'une ou deux fois l'an, les jours de procession, & sentant d'année en année sa voix s'affaiblir, son regard s'éteindre,

Perdant, aux plus beaux passages, la mémoire de ses cantiques, — la pauvre femme, la pauvre veuve!

Tréguier a vécu, hélas! Tréguier a vécu de la vie des batailles & des miracles.

Son fondateur allait à Rome & en revenait, à travers les airs, monté sur un cheval blanc.

Tréguier se défendait contre les Anglais, contre les Espagnols, contre les ligueurs.

Aujourd'hui Tréguier, disent les ftatiftiques, — fait un négoce assez important de suif & de miel.

Descendu la veille à l'auberge *aux Trois Avocats,* j'ai hâte de m'en aller, tant je me sens enveloppé de triftesse.

Pourtant, en attendant la diligence qui doit me conduire à Lannion, j'entre une seconde fois dans la cathédrale;

Et, dans un angle, j'avise une porte à demi fermée. Je demande au sacriftain où cela conduit. — « Oh! ce n'eft rien, me répond-il; c'eft une cour... »

Machinalement je pousse la porte, & je me trouve dans un cloître de toute splendeur & de toute conservation, un des plus spacieux que j'aie jamais vus.

Voilà ce que c'eft que les sacriftains.

V

Sur cette côte, fouillée & dentelée par l'Océan, je te recommande une anse, entre Lannion & Lanmeur.

On pourrait l'appeler l'anse aux Prodiges, à cause des faits surnaturels & des exiftences légendaires dont elle a été le théâtre.

Là, saint Efflam, précipité dans la mer, a

abordé; là, saint Michel, invoqué, eſt venu en aide à quelqu'un.

Tout là-bas, sur la gauche, aperçois-tu le clocher de Saint-Jean-du-Doigt?

Un doigt de saint Jean y eſt conservé, en effet; & les fidèles viennent de loin pour l'adorer, comme tu penses.

— Tous les ans, on lui coupe l'ongle, ajoute le conducteur.

VI

Il n'eſt guère possible, en Bretagne, de ne pas parler d'églises & de saints.

Parlons-en donc une bonne fois, & prenons Saint-Thegonnec pour prototype.

Saint-Thegonnec eſt un bourg à quelques lieues de Morlaix, sur la route de Landerneau; — de loin son église, d'un ton grisâtre, n'offre rien de remarquable;

Mais à mesure qu'on en approche, c'eſt une sarabande de tous les ſtyles, une goguette de tous les âges. L'ensemble tend à la renaissance; les détails touchent à toutes les discordances:

L'égyptien & le gothique, Saint-Sulpice & le

4.

moyen âge. Je défie qui que ce soit, — excepté un paysan breton, — d'éprouver autre chose qu'un sentiment de ftupeur en présence de cet édifice.

A l'intérieur, c'eft bien pis : une voûte en bois conftellée de bleu, reposant sur des piliers de granit verdi;

Une apothéose sans fin, recommençant à chaque chapelle; le triomphe du bois sculpté sous toutes ses formes : des autels de bois, des colonnettes de bois, des nuages de bois;

Des cœurs de bois, des fruits de bois, des oiseaux de bois, des flammes de bois, des palmes de bois;

Des anges de bois, aux ailes éployées, soufflant dans des trompettes de deux sous; des évêques de bois, comme s'il en pleuvait;

Saint Pol de Léon, les pieds sur un dragon à gueule écarlate, avec cette inscription : « Peint & doré l'an 1834, lors recteur M. Tanguy. »

(En Basse-Bretagne, les inscriptions sont rarement en latin); saint Jaoua, neveu de saint Pol, avec un petit ange conseiller au-dessus de chaque oreille;

Une chaire en démence, avec des médaillons Pompadour, presque une œuvre d'artifte.

Tel eft l'intérieur violent, aveuglant, prétentieux, naïf, bouffon & touchant de Saint-Thegonnec.

Le cimetière fait le tour de l'église, selon l'usage; un cimetière ombragé de quelques grands arbres, mais dégradé & plein de fragments de sculpture tombés sur le gazon ;

Avec un calvaire, qui eft cité immédiatement après le calvaire de Plougastel. On y voit les deux larrons habillés à l'allemande, étalant des crevés, comme Gessler.

Devant le calvaire eft un reliquaire ou charnier, d'un dessin assez attrayant, encombré de petites boîtes noires, un peu plus grandes que des boîtes à sel,

Percées d'une ouverture en forme de cœur & surmontées d'une croix.

C'eft dans ces petites boîtes que les habitants de Saint-Thegonnec mettent les têtes de leurs parents & de leurs amis, après en avoir obtenu l'exhumation. Bizarre!

En lettres blanches, on écrit dessus : « Ici gît le chef de François Ferec, décédé à Penfô le 25 août 1841. »

Ou bien : « Ici repose le chef de Jeanne Croguennec, épouse de Jean Riou, décédée à Kelafrès. »

J'ai ramassé un *chef* de 1852, car il y en a

partout de ces siniſtres boîtes, dans tous les coins, sur tous les rebords & principalement par terre.

O Yorick! que de réflexions tu aurais faites dans le cimetière de Saint-Thegonnec!..

LANDERNEAU

« *Il y aura du bruit dans Landerneau!* »
Voilà ce que tout le monde répète en riant &
d'un air de malice; mais tout le monde ne connaît pas l'origine de cette phrase. Les habitués
du Théâtre-Français, seuls, savent qu'elle eſt
tirée des *Héritiers* d'Alexandre Duval, où elle
se produit plusieurs fois, avec un effet comique,
par la bouche du domeſtique Alain. On a mis
des variantes à cette locution, telles que : *On en
parlera dans Landerneau; il en sera queſtion
dans Landerneau*, etc. Il faut en reporter le sens,
ainsi que de la saillie d'Alexandre Duval, à l'importance réelle de Landerneau dans les temps
anciens, & à la réputation d'expérience & de sagesse dont jouissaient ses habitants.

Désireux de m'assurer par moi-même s'il y
avait autant de bruit que cela dans Landerneau,

je suis arrivé dans une petite ville de la basse Bretagne, blanche & riante, propre comme le tablier d'une jolie femme de chambre. Une rivière la traverse, incidentée d'un batelet à vapeur qui descend jusqu'à Brest, & bordée de quelques arbres en façon de promenade. Les vieilles maisons ont été presque toutes abattues. Des deux églises consacrées à saint Houardon & à saint Thomas, la première vient d'être reconſtruite ; — c'était sur son clocher que se voyait autrefois ce fameux disque en métal, connu dans toute province & même au delà sous le nom de *la lune de Landerneau*.

On peut supposer que cette « lune » a contribué au renom comique de Landerneau, surtout si l'on se reporte à l'anecdote de ce gentilhomme breton en visite à la cour de Versailles. Tout le laissait froid; aucune merveille ne pouvait lui faire oublier son pays natal. Quelques-unes des personnes qui l'accompagnaient dans le parc, un soir, à bout d'énumérations, s'avisèrent d'admirer devant lui l'éclat de la lune. « Oh ! murmura dédaigneusement le Breton, celle de Landerneau eſt bien plus grande ! » On ignorait qu'il voulût parler de l'aſtre de son clocher, & l'on fit des gorges chaudes de sa réponse, qui eut bientôt sa place dans les faſtes du ridicule.

La nouvelle église n'a pas de lune ; en revanche, elle possède un tableau, remarqué à l'une des Expositions parisiennes, & dû à un peintre natif de Landerneau, M. Yan Dargent, un des tempéraments les plus fantaftiques que je sache. Ce tableau, dont le sujet eft emprunté à la légende, représente saint Houardon exposé sur la mer dans une frêle nacelle, que poussent doucement vers le port deux anges aux grandes ailes.

Je suis refté deux jours à Landerneau, — ce qui eft fort raisonnable, — &, pendant ces deux jours, aucun tumulte n'a frappé mon oreille, pas la moindre rumeur. Une berline de saltimbanques a bien fait mine de s'arrêter; mais, en présence de l'attitude paisible de la ville, elle a rentré ses clarinettes & sa grosse caisse, & elle a continué son chemin. Il n'y a donc décidément pas de bruit dans Landerneau, quoique Cambry écrive que « l'usage des charivaris y a longtemps subfifté. » Encore une origine que j'allais oublier de signaler !

Ce Cambry, dans son intéressant *Voyage dans le Finiftère,* daté de 1792, cite des vers d'un représentant de Landerneau, — adressés à une dame du nom de Rose, — & qui sont, ma foi, le triomphe du joli & du galant :

<blockquote>Dans l'île de Cypris, si j'avais un bosquet,
J'y cultiverais une rose.</blockquote>

> Si dans les champs de Mars je portais le mousquet,
>   Je me ferais nommer La Rose.
> S'il manquait une sainte au ciel de Mahomet,
>   Je dirais : Prenez sainte Rose.
> Pour orner la bergère, en un simple corset,
>   Que faut-il ? Un bouton de rose.
> Des vers d'Anacréon que n'ai-je le secret ?
>   J'immortaliserais la rose.
> Sur l'autel de l'Amour, ma main ne brûlerait
>   Que des pastilles à la rose.
> Peut-être enfin devrais-je à ce culte discret
>   Quelque rêve couleur de rose !

Voilà un aimable représentant, dont le nom méritait d'être conservé, — ou tout au moins le petit nom.

Le deuxième jour de mon arrivée, qui devait être aussi celui de mon départ, comme je m'enquérais, dans le *bureau* de l'hôtel où j'étais descendu, des curiosités de Landerneau, quelqu'un me demanda, avec une certaine hésitation, si j'avais vu le musée de M. Saluden. « — Un musée ! m'écriai-je. — Un musée ou... un cabinet de curiosités, je ne sais pas au juste, me fut-il répondu. — Mais ce monsieur admet-il chez lui les voyageurs ? — Oh ! il ne demande pas mieux ! » Et je surpris quelques sourires.

On me donna une servante pour m'accompagner chez M. Saluden. Il fallut traverser le pont sur l'Élorn, au milieu duquel s'élevait autrefois la sénéchaussée, & passer à côté de l'église assez pittoresque de Saint-Thomas. Nous nous arrêtâmes à l'entrée de la rue de Daoulas, à gauche, devant une maison en élévation sur une butte de terre. La servante frappa. Un homme de cinquante ans environ, en manches de chemise, le pantalon couvert de plâtre, vint ouvrir. C'était M. Saluden; une bonne figure campagnarde, cuite par le soleil. Il me demanda la permission de se laver les mains avant de m'exhiber ses raretés. Ensuite il me conduisit au fond d'un potager où il me fit voir un petit rocher artificiel, orné de coquilles d'huîtres, un jet d'eau, un bassin où dormait une tortue. Je compris sur-le-champ que j'étais myſtifié.

Cependant, le brave homme m'engagea à le suivre dans un escalier tournant. La tête basse, je le suivis. Mais là mes idées se modifièrent un peu, car j'aperçus, accrochés à la muraille ou rangés sur des planchettes, quantité de bibelots dignes d'un coup d'œil. Ma méfiance me reprit lorsque nous nous trouvâmes dans une chambre large comme la main, éclairée d'en haut par une fenêtre dite à tabatière, & que M. Saluden s'écria d'un air triomphant : « Voilà ! »

Voilà ! — c'est-à-dire un pêle-mêle, un capharnaüm, l'assemblage des objets les plus saugrenus : de vieilles boîtes, des parapluies hors d'âge, des flacons de la Société hygiénique, des médailles du théâtre Comte, des rotins. — A côté de cela pourtant, une chose vraiment précieuse, vraiment artiſtique, apparaissait quelquefois, soit une serrure exquisement ouvragée, soit un pastel encore vivace, soit un bijou de ſtatuette. Des ſtatuettes surtout, il y en avait par monceaux, & puis des fragments de panneaux aux sculptures ravissantes. L'explication de tout cela, M. Saluden me la donna avec bonhomie : il était maçon de son métier, &, en cette qualité, il avait assiſté à la démolition de tous les couvents & de tous les châteaux de la contrée. Mû de bonne heure par un vague inſtinct d'antiquaire, il n'avait cessé de ramasser & d'emporter ce qui tombait sous sa main, ce qu'on lui abandonnait, les éventails gisant dans la poussière, les portraits d'aïeux dont se gaussait la bande noire, les armes ciselées qu'il achetait au prix du vieux fer. Tel était le principe de sa collection. Par malheur, le goût & l'instruction lui faisant défaut, on avait abusé de sa manie dès qu'on l'avait connue. De là, maint cadeau dérisoire de la part des malins de Landerneau. Celui-ci lui avait envoyé « la pomme de canne de Lavater; » celui-là « un baudrier de garde national ayant appartenu aux *quatre Mousquetaires;* » cet autre « le peigne de Lacenaire, donné par M. Tartempion, directeur de la Conciergerie. » Le plus cruel lui avait offert un canard vulgaire, empaillé, orné de deux pattes de homard enfoncées dans la tête, avec cette étiquette : « Canard-rhinocéros, tué par le capitaine Enée, sur les bords du Styx, lors de sa descente au Ténare. »

Je souffrais pour M. Saluden en examinant ces monuments d'une trop facile myſtification, & j'allais prendre congé de lui, lorsqu'il me dit : « Mais vous n'avez pas vu la dixième partie de ce que j'ai ! » Alors il ouvrit sept ou huit placards qui se dédoublaient comme des feuilles de paravent, & contre les parois desquels recommençait en effet une exposition des mêmes richesses accolées aux mêmes niaiseries. Je remarquai le portrait du patriarche de la Bretagne au dix-huitième siècle, — Jean Causeur, mort à cent trente-sept ans. Ce portrait exiſte gravé.

J'abrége. M. Saluden n'eſt pas seulement un collectionneur ; il a inventé & fabriqué des instruments agricoles, ingénieux & utiles, pour lesquels les expositions départementales lui ont maintes fois décerné des prix & des mentions.

QUIMPER-CORENTIN

Qui le croirait? C'eſt du bon, de l'inoffensif La Fontaine que Quimper-Corentin a reçu son premier sarcasme. La fable du *Charretier embourbé* commence ainsi :

> Le phaéton d'une voiture à foin
> Vit son char embourbé. Le pauvre homme était loin
> De tout humain secours : c'était à la campagne,
> Près d'un certain canton de la basse Bretagne
> Appelé Quimper-Corentin.
> On sait assez que le deſtin
> Adresse là les gens quand il veut qu'on enrage.
> Dieu nous préserve du voyage!

Où La Fontaine a-t-il pris son dédain pour la bonne ville de Quimper? Voilà bien nos Parisiens de cour! « *Dieu nous préserve du voyage!* » Et moi je dis, mon cher poëte, que vous n'auriez pas eu assez de vos yeux pour contempler ce *certain canton* & ses habitants. Vous, l'homme des sensations naïves, le flâneur antiacadémique, vous seriez tombé en extase au beau milieu de Quimper-Corentin, un matin de marché, par exemple; — & le soir vous aurait vu, loin *d'enrager,* admirer aux clartés ſtellaires la robuſte silhouette de la cathédrale.

Oui, vraiment, une cathédrale, la plus vaſte de la basse Bretagne & l'une des plus belles. Si j'en parle tout de suite, c'eſt parce que c'eſt la première chose qu'on aperçoit dans la ville. Elle date du quinzième siècle, & elle eſt dédiée à saint Corentin, premier évêque de Quimper. Ce Corentin était un pieux ermite qui passait sa vie auprès d'une fontaine, où Dieu entretenait pour lui un poisson perpétuel. Chaque matin, après ses prières, Corentin jetait son filet & amenait un poisson, — toujours le même, — qu'il coupait régulièrement en deux moitiés, dont l'une était gardée pour sa nourriture, & dont l'autre était rejetée dans la fontaine. C'était bien le cas de s'écrier avant notre fabuliſte :

> Petit poisson deviendra grand !

Ce miracle, raconté par Albert le Grand, eſt consigné dans la prose qui se récite le jour de la fête de saint Corentin.

C'eſt à ce poisson que l'ermite dut sa promotion à l'évêché de Quimper. Un jour qu'il allait commencer son modeſte & monotone repas, un grand bruit de chevauchée se fit entendre. C'était le roi Grallon, en chasse avec sa suite, & qui, égaré depuis plusieurs heures, ressentait vivement l'aiguillon de la faim. Ce monarque dut laisser échapper une légère grimace à l'aspect du maigre menu de Corentin ; — mais celui-ci, confiant en Dieu, se fit fort de lui donner à manger, à lui & à toute sa cour. Il alla à la fontaine & en tira l'autre moitié du poisson, qui se multiplia à l'inſtant, de manière à rappeler les plus beaux temps de la mer de Tibériade. Grallon dit alors :

— Voilà le paſteur qu'il faut à mes sujets !

Et il l'emmena avec lui.

Depuis, Grallon & saint Corentin sont reſtés étroitement liés dans la mémoire des habitants du pays de Cornouailles. Si le saint a donné son nom à la cathédrale de Quimper, la ſtatue équeſtre du roi, en manteau flottant, se profile encore aujourd'hui, vénérable & pittoresque, sur la plate-forme qui relie les deux tours.

La seconde épigramme contre Quimper-Corentin eſt du fait de Piron. — La Fontaine & Piron ! Au moins ne sont-ce pas là d'obscurs gouailleurs ! Reprenant en sous-œuvre une mystification connue, Piron a placé dans *la Métromanie* un bonhomme de cinquante ans qui envoie au *Mercure* des vers datés de Quimper-Corentin et signés d'un nom de femme. Damis, à cette lecture, s'éprend de cette muse & prétend l'épouser. Voici la scène où le valet Mondor interroge son maître :

MONDOR.

De qui parlez-vous donc, monsieur?

DAMIS.

D'une Sapho,
D'un prodige qui doit, aidé de mes lumières,
Effacer quelque jour l'illustre Deshoulières;
D'une fille à laquelle est uni mon destin.

MONDOR.

Où diable est cette fille?

DAMIS.

A Quimper-Corentin.

MONDOR.

A Quimp...

L'enthousiaste Damis coupe court à sa surprise en lui montrant un numéro du *Mercure* qui contient un « Sonnet de mademoiselle Mériadec de Kersic, de Quimper en Bretagne, à monsieur Cinq-Étoiles. »

Ton esprit aisément perce à travers ces voiles
Et voit bien que c'est moi qui suis les Cinq-Étoiles.

La ville de Quimper-Corentin ne protesta pas

plus contre la comédie de Piron qu'elle n'avait protefté contre la fable de la Fontaine. Mais elle dut s'étonner de cette circonftance, & murmurer en elle-même : « Je ne me croyais pas si plaifante que cela ! » Il était clair qu'à Paris on la regardait comme une partie du globe extrêmement éloignée, quelque chose comme Tombouctou.

Il n'y avait cependant pas longtemps que Quimper avait dépêché à ces railleurs un de ses plus terribles enfants, — un matois, expert lui aussi au jeu de l'épigramme & de la satire, — Fréron, pour le nommer. Mon Dieu, oui ! Fréron eft né à Quimper-Corentin, tout bêtement ; il a été élevé à Quimper-Corentin, chez les Pères Jésuites qui y avaient un très-beau collége ; & c'eft de Quimper-Corentin qu'il eft parti pour cette longue et implacable croisade contre les philosophes, qui a duré plus de trente années. Il ne fallait pas moins qu'un Breton pour cette lutte prodigieuse avec Voltaire ; lutte qui eut toute l'Europe pour spectatrice, & où l'avantage & l'honneur ne furent pas toujours du côté du géant de Ferney.

Quimper a le droit de se montrer fière de Fréron. J'ai étudié autre part l'œuvre & la vie du célèbre critique ; je ne pourrais que me répéter en confessant ma sympathie & mon eftime pour son talent. — L'auteur de *l'Année littéraire* quittait de temps en temps Paris pour venir se refaire dans sa ville natale, où il avait des intérêts de famille & d'argent. Il s'y maria même avec sa cousine Anne Royou, — de ces Royou qui continuèrent sa tâche monarchique & religieuse.

Il se peut encore aujourd'hui que les beaux esprits de cabinet & les vaudeviliftes s'attardent à plaisanter Quimper-Corentin. Heureusement que nos artiftes & nos poëtes modernes ont un autre point de vue. Leleux & Luminais y sont allés chercher des toiles imprégnées du meilleur sentiment de la nature. Brizeux y a trouvé des chants pour son livre des *Bretons*, dont je veux citer ici un fragment, un tableau de foire, qui remplacera à merveille les descriptions que je pourrais tenter.

C'eft aujourd'hui qu'il va du monde vers Kemper!
Des montagnes, des bois, du côté de la mer,
Hommes en habit bleu, femmes en jupe noire,
On ne voit que des gens s'en allant à la foire.
Il en vient de partout. Gelé pendant la nuit,
Sous le pied des beftiaux, le chemin retentit.
Que de vaches, de bœufs, de petites charrettes,
De pesants limoniers secouant leurs sonnettes !
Place à ces jeunes gens qui passent au galop !
Place aux filles allant modeftement au trot !
Et charrettes, beftiaux ou chrétiens, cette foule
De toutes les hauteurs vers la ville s'écoule.

Tant de gens sont venus au marché des jours gras,
Qu'à peine dans Kemper on pourrait faire un pas.

…Nous, vers le champ de foire, allons! Le nombre augmente
Et la bruyante ruche en plein midi fermente.
A peine ce matin on pouvait faire un pas,
Le plus fort maintenant ne peut ouvrir les bras.
Cependant nul marché ne tient que si l'on tape
Dans la main, & que l'autre à son tour y refrappe ;
Il faut fendre la presse, & dans un cabaret
Boire ensemble, ou l'accord mal formé se romprait.
Durant une heure, — ainsi l'usage le demande, —
Pour un verre de cidre on chicane, on marchande.
Durant tous ces débats, les génisses, les veaux
Sont là, roulant leurs yeux & tendant leurs naseaux.
On tire leurs jarrets, on trait les pis des vaches ;
Les taureaux en fureur font claquer leurs attaches.
Mille gens, mille bruits. O peuples de Corré,
Vaillants hommes de Scaer, Loc-Ronan, Plou-Aré,
Vous n'avez rien perdu des anciennes coutumes ;
Nos pères connaîtraient leurs fils à leurs coftumes ;
Vous la portez encor, la braie aux plis flottants,
Et vos grands cheveux bruns, longs depuis trois mille ans !

J'abrége avec regret. La cohue & le tumulte vont *crescendo*. Les gendarmes & les conscrits entrent dans la bagarre. C'eft un tohu-bohu d'une vérité sans égale ; on entend crier le papier.

Finissons-en avec cette idée de ridicule attachée, on ne sait pourquoi, au chef-lieu du Finiftère. Dans un séjour d'une semaine, je n'ai pu apprécier complétement le caractère de ses habitants, mais je sais qu'il réunit toutes les qualités de loyauté & d'humanité. Lorsque après la journée du 31 mai les représentants du peuple Pétion, Barbaroux, Guadet, Buzot, Louvet & plusieurs autres se répandirent dans les départements, dénoncés, poursuivis, traqués, ils ne trouvèrent d'asile sûr qu'à Quimper. Il faut lire, dans l'ouvrage de Louvet : *Quelques notices pour l'hiſtoire & le récit de mes périls,* il faut lire l'expression brûlante de sa reconnaissance pour les braves gens qui ne craignirent pas de lui offrir, ainsi qu'à ses collègues, l'hospitalité de leur propre maison, — & cela au risque de leur liberté & de leur vie. Ils firent plus, ils procurèrent aux fugitifs un bâtiment qui, après mille dangers, les conduisit à Bordeaux.

Des *villes comiques* comme cela, donnez-m'en beaucoup !

LYON

I

JÉROME COTON

« *Surtout, n'oubliez pas d'aller voir Jérôme Coton !* » m'avait-on dit, en apprenant que je partais pour Lyon. J'avais pris un peu à la légère cette recommandation, & j'en perdis tout à fait la mémoire dans les huit premiers jours qui suivirent mon arrivée. Mais lorsque j'eus vu tout ce que Lyon enserre (expression de Jean-Baptifte-Rousseau) ; lorsque j'eus accompli mon pèlerinage de Notre-Dame de Fourvières ; lorsque j'eus suivi les opérations militaires du maréchal de Caftellane ; lorsque j'eus visité les métiers de la Croix-Rousse ; après avoir mangé des becsfigues au chalet du parc de *la Tête-d'Or,* & des queues d'écrevisses à la sauce Nantua au café de Lyon; après être allé admirer au musée les fleurs de Saint-Jean & de Berjon; après avoir pressé la main de Joséphin Soulary, en son bureau de la Préfecture; après avoir applaudi le ténor Wicart dans *le Prophète;* après surtout avoir fait ma visite obligée à ces hommes éminents, Louis Perrin & Aimé Vingtrinier, qui continuent la tradition des illuftres imprimeurs lyonnais, je me rappelai le nom de Jérôme Coton.

Il me reftait cependant encore bien des choses à voir, si j'avais dû m'en rapporter à une pancarte pendue au mur de ma chambre d'hôtel, signalant à « MM. les voyageurs, comme digne de leur attention, » le tombeau de la fille d'Young, l'auteur des *Nuits,* situé dans les jardins de l'Hôtel-Dieu. — Tout ce qu'on voudra, mais pas Young ! — La même pancarte, passant du lugubre au riant, indique la Roche-Cardon comme une délicieuse promenade : « Rien d'aussi frais que ce vallon, qui fut le confident *muet* des rêveries amoureuses de Jean-Jacques. »

Que dites-vous de ce confident *muet?*

Insensible aux séductions de la pancarte, je me mis à m'enquérir de Jérôme Coton, &, quelques jours après, j'avais recueilli sa légende, que je donne ici comme véridique & sincère.

Jérôme Coton, qui s'intitule lui-même « le premier mime de France, » eſt le doyen des acteurs lyonnais. Ce n'eſt pas qu'il soit très-vieux : soixante-cinq ou soixante-huit ans. Il eſt sec, de mine patibulaire, la voix caverneuse & prophétique. Sous le premier Empire, il fut soldat au 102ᵉ de ligne, « régiment de la Fourche ». La paix le rendit à ses foyers & à sa truelle, car Jérôme Coton eſt plâtrier de naissance (& aujourd'hui encore il se charge volontiers de quelques petites *bricoles*); mais déjà le mélodrame avait ravagé cette âme naïve; *Hariadan Barberousse* & *l'Homme de la Forêt-Noire* lui étaient apparus pendant son sommeil; il ne rêvait que de forteresses assiégées, de donjons en ruines, de chaumières isolées ; il plaçait le plaisir dans un manteau sombre, le bonheur dans une lanterne sourde, le paradis dans la tour du Nord. Il croyait toujours se réveiller au bruit d'un signal, & machinalement il cherchait ses piſtolets sous son oreiller...

Enfin Jérôme Coton céda à la voix secrète : il s'engagea. Il fut tour à tour *Palmerin d'Angleterre, Abelino ou l'Homme à trois visages, Tékéli, Monbars l'Exterminateur;* il fut ce qu'il eſt encore maintenant, l'incarnation la plus complète du mélodrame. Il joua pendant quelques années aux Céleſtins & courut la province dans un rayon d'une cinquantaine de lieues.

La nouvelle rue de l'Impératrice, dans son parcours, a coupé en deux la galerie de l'Argue, juste à l'emplacement qu'occupait un petit théâtre, que je ne saurais mieux comparer qu'au théâtre de la rue de la Tour-d'Auvergne, à Paris. C'était là que Jérôme Coton avait fini par s'installer, avec une troupe à lui, recrutée dans le peuple; c'était là qu'il avait tenu haut & ferme le drapeau du mélodrame, qu'il avait lutté contre les envahissements du vaudeville & de la comédie, se bouchant les oreilles au seul nom de Scribe, & allumant régulièrement ses flammes de Bengale entre onze heures & minuit.

Directeur, régisseur & acteur, on conçoit combien sa triple activité avait de quoi s'exercer. Aussi n'était-il pas rare de le voir s'interrompre au milieu d'une tirade pour aller augmenter ou diminuer la lueur du quinquet; oublier son rang de grand maître des chevaliers de l'ordre Teutonique pour murmurer à la cantonnade : «*Apportez-moi donc le fauteuil de velours!* »

Non-seulement Jérôme Coton a été tout ce que nous venons de dire; non-seulement il a parcouru tous les cercles de l'enfer dramatique, le plus complet des enfers, à dire d'experts; mais encore il lui était réservé d'être... décor. Oui, décor. Il manquait un pont dans une *action mi-*

litaire; on s'en aperçoit au dernier moment; ce pont eft indispensable. Eh bien! c'eft Jérôme qui fera le pont; il se jette à plat ventre, & son corps simule le trait d'union entre les deux rives, peu diftantes l'une de l'autre...

Pends-toi, Rosambeau! tu n'aurais pas imaginé celle-là!

Prenez Doyen, prenez Ricourt, vous n'arriverez jamais à la conviction, à la passion, à l'enthousiasme de Jérôme Coton. Son théâtre de la galerie de l'Argue démoli, il en conftruisit un autre à la Guillotière, qui n'eut pas une longue exiftence. Voûté par l'âge, mais non vaincu, c'eft aujourd'hui dans les environs de Lyon, à Roanne, à Saint-Étienne, qu'il promène les idoles de Caigniez, de Cuvelier & de Pelletier-Volméranges. De temps en temps aussi, il obtient la permission de donner une représentation au théâtre des Céleftins. Ce jour-là eft un jour de joie pour une partie de la population lyonnaise; on entre en chantant dans la salle; on applaudit *devant que les chandelles soient allumées,* car Jérôme Coton eft aimé, Jérôme Coton eft adoré; il n'y a pas pour lui assez de fleurs & de battements de mains. Dès qu'il paraît, l'intimité la plus touchante s'établit entre le public & lui. « Bonjour, Coton! — Bravo, Coton! » Ce sont des interruptions toutes cordiales, mais qui ne respectent pas la pièce représentée : « Coton, ne l'écoute pas, c'eſt un traître! Ne crois pas ce qu'il dit; il t'a abîmé tout à l'heure. Coton! repousse sa poignée de main! »

Quelquefois Jérôme Coton essaye de protester; il réclame le silence : « Messieurs, vous paralysez mes moyens, dit-il en s'avançant vers la rampe. — C'eſt vrai! Tu as raison, Coton! Bien parlé, Coton! Nous allons nous taire! Silence là-bas! » Et les trépignements de recommencer de plus belle.

Dans une pièce militaire, *la Chaumière hongroise,* ou *l'Espionne russe,* je ne sais au juſte, le drapeau français a été enterré sous la neige. Arrive Jérôme Coton. A tous ses avantages Jérôme Coton joint le désagrément d'une vue très-basse. Il cherche le drapeau, il s'incline, il ne trouve rien. Les spectateurs lui viennent en aide : « Pas par là, Coton! Par ici! A gauche! Au pied de l'arbre! Tu y es, Coton! »

Une autre fois, il a un poulet à manger. Le voilà qui s'installe devant sa table. Il attaque le poulet, mais le couteau glisse; il recommence & n'eſt pas plus heureux : « Tu ne vois donc pas que le poulet eſt attaché, lui crie-t-on; coupe la ficelle, Jérôme! ».

Il n'y a pas longtemps, Jérôme Coton jouait à l'Alcazar *la Mort de Turenne.* C'était lui qui faisait Turenne, — parbleu! Il entrait en scène, avisait un jeune conscrit : « Tu vas te poster devant cette avenue, par laquelle doit déboucher l'armée ennemie, & tu nous préviendras quand il en sera temps! » O mâle candeur des héros! Turenne s'en va, se frottant les mains. Resté seul, le conscrit fait signe à une vivandière, avale successivement plusieurs verres de brandevin, devient galant & tourne le dos à l'armée ennemie. Elle arrive, l'armée ennemie, elle tire sur le conscrit, qui riposte de son mieux. A ce bruit, nos soldats accourent, Turenne en tête, & dissipent facilement les étrangers. « Tu as sauvé ta patrie! dit Turenne au jeune soldat. — Mais non, mais non, Coton! fait le public, se récriant; il n'a rien sauvé du tout; c'est un fainéant! Il caressait la vivandière! — Tu as sauvé ta patrie, continuait Turenne, faisant la sourde oreille; & je vais te décorer sur le champ de ta bataille. » Ce disant, Jérôme Coton se mettait en mesure de détacher sa propre croix; mais sa maudite vue nuisait à la rapidité de son jeu.

LE PUBLIC. — Ne te presse pas, Coton! Défais le nœud bien tranquillement; n'arrache rien, Coton! Nous avons le temps.

Poursuivons notre *Cotoniana*.

JÉROME COTON, *levant les bras au ciel*. —

Suis-je assez infortuné!... fragile jouet du destin... tout conspire contre moi!

LE PUBLIC. — Mais non, Coton, tu te montes le coup!

JÉROME COTON, *armé jusqu'aux dents.*—Cesse de me braver, jeune téméraire... Ne sais-tu pas quel eft mon pouvoir en ces lieux? Ignores-tu donc que ton trépas peut entraîner ta perte?

LE PUBLIC. — Pas possible, Coton!

LE TYRAN.—Allons, qu'une fête brillante couronne cette journée; que les danses se forment sous mes yeux, & que mes échansons versent le vin dans les coupes... A ta santé, Spalatro!

LE PUBLIC. — Ne bois pas tout, Coton, ça te ferait mal!

JÉROME COTON, *errant dans la chapelle abandonnée.* — J'entends tinter minuit à l'horloge du vieux château.

L'HORLOGE. — Une.

LE PUBLIC, *en chœur.* — Une.

L'HORLOGE. — Deux.

LE PUBLIC. — Deux!... Plus vite, donc!

L'HORLOGE — Trois.

L'horloge s'arrête au nombre sept.

LE PUBLIC. — Eh bien! Coton, & la suite? Nous n'avons pas notre compte! Elle eft dérangée, ton horloge, Coton; c'eft une patraque...

JÉROME COTON. — Cachons-nous derrière cet

arbre pour épier notre victime au passage. Elle eft loin de me savoir si près.

LE PUBLIC. — On te voit, Coton! l'arbre eft trop petit!

JÉROME COTON. — Que Sacripanti tarde à paraître! Qui peut le retenir? (*Il allonge la tête.*)

LE PUBLIC. — Coucou!

C'eft ordinairement le samedi saint que la direction des théâtres met la salle des Céleftins à la disposition de Jérôme Coton & de *sa troupe*, — car les acteurs pensionnaires ont depuis longtemps décliné l'honneur de partager les ovations décernées au premier mime de France.

Jérôme Coton brille donc sans rival ce soir-là; il change plusieurs fois de bottes molles, il se bat à *l'hache,* en mesure; il danse l'anglaise avec un bâton.

Jérôme Coton ne laisse à aucun autre le soin de rédiger ses affiches; il y fait un cours d'histoire à propos de chaque mélodrame. Les amateurs lyonnais conservent ces monuments d'une jovialité spéciale. Il m'en a été communiqué quelques-unes. Je transcris celle-ci :

THÉATRE DE LA GALERIE DE L'ARGUE

Aujourd'hui Mercredi 11 octobre 1854

AU BÉNÉFICE DE M.

JÉROME COTON

plus ancien des Artiftes de la cité lyonnaise.

Grand spectacle extraordinaire, composé de

CŒLINA

OU L'ENFANT DU MYSTÈRE

Mélodrame en trois actes et en prose, par feu Guilbert de Pixerécourt, surnommé à Paris et en province *le Voltaire du beau mélodrame.*

Cet ouvrage sera orné de chants, danse, pantomime, et d'un dénoûment qui surprendra agreablement le spectateur. — Premier acte: La Révélation. Arrivée de Truguelin; soupçon; préméditation d'un meurtre. Un Ange veille! La menace. — Deuxième acte: Les Fiançailles. Francisque Humbert; sa lettre; terreur; mariage rompu; séparation; douleurs. Le docteur. — Troisième acte : Fuite de Truguelin; désespoir; repentir. Le meunier d'Arpennaze. L'hospitalité; la cicatrice; effroi; arrestation de l'assassin. Mystère dévoilé; joie générale. Tableau de satisfaction.

M. JÉROME COTON remplira le rôle de Francisque Humbert, qu'il a recréé au théâtre des Célestins en 1817.

L'année suivante, c'eft à Tarare que Jérôme Coton se transporte; il y joue, le 5 mai 1855, *Napoléon à Sainte-Hélène, ou la Mort du grand homme*, par M. Dupeuty. Voici, selon

son habitude, comment il explique cette pièce :
« Cet ouvrage a été créé sur le théâtre de la Porte-Saint-Martin ; trois cents représentations (incontefté) atteftent son prodigieux succès, ainsi qu'à Lyon où ce chef-d'œuvre poétique n'a cessé d'attirer la foule, & cela eft à la connaissance d'un grand nombre d'habitants de Tarare, qui ont fait le voyage pour aller admirer, sous les traits de Gobert & de Prudent, le grand homme qui, malgré les injuftices qu'on lui fit éprouver, son dernier soupir fut pour la gloire de nos armes & la prospérité de la France, sa mère patrie, qui disait en quittant son beau rivage : *Adieu, belle France, terre des braves! Moins de traîtres dans ton sein, & tu serais encore la reine du monde!...* »

Il va sans dire que c'eft Jérôme Coton qui remplissait le rôle de Napoléon, ou plutôt qui le *recréait,* selon son ingénieuse expression. Il terminait le spectacle par *le Parleur éternel,* & madame Jérôme Coton chantait (je copie toujours l'affiche) les *Souvenirs du jeune âge,* du *Pré aux Clercs,* musique d'AUBER.—Dans cette même ville de Tarare, il annonçait un grand éclairage *pyrotechnique & amphibologique.* — Je n'irai pas plus loin, on croirait que je charge.

Lors d'une de ses dernières apparitions aux Célestins, il joua *Robert chef de brigands.* Nous ne voulons pas nous répéter, mais imaginez tout ce qu'on peut accumuler sur une affiche de quatre pieds de haut : — *La tour infernale.* — *Délivrance du vieillard ; la nature a brisé ses liens.* —*Rosinski soupçonné.*—*Pardon général pour Robert & ses compagnons, terminé par un grand tableau d'indulgence.*

Cette fois, très au courant des habitudes de ses spectateurs & se méfiant de leur enthousiasme, il crut devoir imprimer cet avis : « Jérôme Coton prie avec inftance ses compatriotes & les étrangers qui embelliront par leur préfence la jolie bonbonnière du théâtre des Célestins, de ne pas applaudir pendant le cours de cette représentation toute philanthropique qu'à la fin des actes, si cela leur convient ; il le répète pour la deuxième fois, cela entrave la marche des ouvrages & des artiftes qui se sont réunis à lui. S'en remettant aux bontés & connaissances des habitués de nos deux scènes, il ne doute pas d'un seul inftant qu'ils accueilleront favorablement sa demande. Il eft, d'un public éclairé, le très-dévoué & respectueux serviteur. »

On avait raison de me recommander Jérôme Coton ; c'eft le dernier chapitre d'une hiftoire oubliée & qui n'a jamais été faite : l'hiftoire du mélodrame. Après lui, il ne reftera plus rien d'un genre si longtemps fameux.

II

GUIGNOL

Un de mes étonnements, en arrivant à Paris, il y a une quinzaine d'années, fut de voir, dans les Champs-Élysées, la plupart des baraques de Polichinelle décorées du nom de *Guignol*. Je n'avais pas été préparé à cette confusion ou à cette transformation de type, & j'en conçus beaucoup d'inquiétude. Machinalement je prenais la route de l'Arsenal pour me renseigner auprès de Nodier, lorsque je me rappelai que Nodier était mort. On me dira peut-être qu'il était facile de m'adresser aux montreurs de marionnettes eux-mêmes ; mais cela était trop facile, en effet. Les moyens naturels répugnent aux curieux.

Il s'écoula donc quelque temps avant que je susse ce que c'était que Guignol ; j'avais fini par croire que c'était le nom du propriétaire de ces baraques. Combien de Parisiens encore plongés dans la même ignorance à ce sujet ! Enfin un hasard, je ne sais plus lequel, m'amena à cette découverte : que Guignol était une marionnette originaire de Lyon, moderne, ne ressemblant à aucune autre, ni par le langage, ni par le coſtume, l'incarnation grotesque de l'ouvrier en soieries appelé *canut*.

Ce premier point obtenu, le reſte allait tout seul. Mon plan d'enquête fut circonscrit aux Lyonnais de ma connaissance, près desquels ma curiosité trouva amplement à se satisfaire. Et mon voyage à Lyon, entrepris avec cette préoccupation, m'a définitivement mis en mesure de me conſtituer l'hiſtorien & le poëte de Guignol.

L'homme qui, dans un temps aussi troublé que le nôtre & aussi dévoré de soucis industriels, a la puissance de créer une marionnette & de l'imposer à son époque, cet homme-là me paraît aussi fort que Prométhée. Songez-y donc : une marionnette, une marionnette nouvelle ! au dix-neuvième siècle ! Je ne sais pas d'audace comparable à celle-ci. Vous trouverez vingt types de comédie avant de trouver une formule de marionnette. Puis, une fois la marionnette inventée, la faire admettre, la faire connaître, la faire entrer dans nos habitudes &

dans nos mœurs; mieux que cela, lui assigner son rang parmi les autres marionnettes, les grandes, les consacrées, les classiques! Voilà le surprenant, l'incroyable, l'impossible! Après le génie, le tour de force!

Cet homme s'eft trouvé cependant, & l'éternelle gloire de Lyon sera de lui avoir donné naissance. Il s'appelait Mourguet; il était enfant du peuple, colporteur, marchand de chansons; mais, avant tout & surtout, il avait la marionnette infuse. Tout petit, — je parle de quelques années avant la Révolution de 1789, — il s'amusait à organiser des représentations à une fenêtre du quatrième étage de la rue des Prêtres. On se tromperait si l'on allait s'imaginer qu'il inventa tout d'un coup la figure de Guignol. Il n'en était alors qu'au simple Polichinelle. Lorsqu'il eut âge d'homme, il fonda une baraque sur le cours Morand, &, plus tard, au jardin Chinois. Mais le jardin Chinois, où étaient inftallés aussi des chevaux de bois & des petits spectacles de danse, ne *travaillait* que pendant la belle saison. Les hivers, Mourguet les passait à Vienne & aux environs; il y donnait des soirées de Polichinelle. Son théâtre était vite dressé dans l'arrière-boutique ou le salon : quatre piquets & la traditionnelle toile à carreaux rouge en faisaient tous les frais.

A cette époque, Mourguet sentait déjà vaguement s'agiter quelque chose dans son cerveau ; il éprouvait ces maux de tête qui précèdent toujours l'enfantement des Pallas. Un caprice du public le jeta dans sa voie. Le public, injuste envers les marionnettes comme envers les hommes, se lassa un jour de Polichinelle & manifesta son ingratitude par ce mot local : « *C'est guignolant !* » Mourguet demeura calme sous l'affront. Il avait son projet. Peu de jours ensuite on vit apparaître une singulière petite marionnette, couverte simplement d'une veste & parlant comme on parle dans les faubourgs de Lyon. Il l'avait baptisée du nom de Guignolant. Les spectateurs auraient pu prendre fort mal cette plaisanterie, qui était tournée à peu près comme une épigramme ; ils furent ravis. A un certain moment, Guignolant, armé d'un bâton, s'approcha de Polichinelle, &, du premier coup, il le fit voler en éclats. Un mouvement de stupeur courut parmi la foule, qui comprit aussitôt que *le grand Pan était mort*. Polichinelle, en effet, était bien & dûment assommé ; &, à partir de ce jour-là, il ne reparut plus sur la scène.

Ce drame avait lieu en 1818.

Le nouveau fantoche, que l'on appela Guignol par abréviation, devint bientôt l'idole du peuple lyonnais, dont il reproduisait l'accent & les gestes. Mourguet avait de la verve, &, sans avoir lu Ariſtophane, il s'en appropriait heureusement certaines audaces. Ce n'était pas assez d'avoir créé Guignol, il fallait encore lui donner des compères, un entourage qui ne fût pas celui de Polichinelle; la révolution devait être complète jusqu'au bout. Alors furent trouvés Gniafron & la Madelon, dont je parlerai tout à l'heure.

Aucuns genres de succès ne manquèrent à Mourguet. Passant à Lyon, Talma voulut le voir, Talma voulut le féliciter. Mourguet ne fut point ingrat envers la gloire; depuis longtemps il songeait à assurer le sort de sa création; toute sa famille avait été élevée dans le respect & l'amour de Guignol; il fit souche d'*impresarii*, formant & désignant comme ses successeurs son fils d'abord, & ensuite son gendre Josserand. Le café du Caveau sur la place des Céleſtins, — où un transparent éclaire encore aujourd'hui le nom de Guignol, — a été le théâtre de leurs représentations fameuses.

Je ne veux pas chercher comment l'esprit de concurrence se mit un jour au sein de ce trio. Lyon apparemment n'était plus assez grand pour contenir Guignol, car Josserand, donnant l'essor à son ambition, prit en 1832 la route de Paris. Il se montra au boulevard du Temple & aux Champs-Élysées; il alla même à la cour de

Louis-Philippe, où on le demanda. Ce fut ainsi que s'accomplit à Paris, comme elle s'était accomplie à Lyon, l'usurpation du royaume de Polichinelle par Guignol, usurpation qui, plus tard, devait tant m'étonner. Voilà donc un point d'hiſtoire fixé.

—

Aujourd'hui Mourguet eſt mort, Josserand eſt mort, mais Guignol vit toujours ; on le retrouve dans tous les quartiers de Lyon. Là où la tradition s'eſt conservée le plus fidèlement & le plus complétement, c'eſt dans l'ancienne rue Écorche-Bœuf (les Lyonnais prononcent Corche-Bœuf), à présent rue du Port-du-Temple. Entrez vers huit heures du soir, au numéro 16, à l'hôtel du *Cheval noir ;* suivez une assez longue allée & tournez à droite : vous vous trouverez dans un café, au fond duquel se dresse un petit théâtre. L'orcheſtre eſt figuré par un piano, que tient un aveugle.

Le ſpectacle commence, mais Guignol ne paraît pas tout d'abord. Ce sont des scènes d'ombres chinoises, des féeries ambitieuses. On boit & on fume dans la salle. A dix heures, il se fait un certain mouvement parmi le public, tout composé d'éléments populaires. La toile se relève pour Guignol : Guignol eſt en scène ; le voilà avec son petit serre-tête noir, terminé par une queue ou *sarsifis* en demi-cercle, avec sa veſte marron à boutons blancs. Il salue par hauts-le-corps brusques & courts ; son visage eſt absolument dépourvu de nez, particularité étrange ! On doit supposer qu'il l'a usé à force d'en taper le rebord du théâtre pour scander son débit.

Guignol parle *canut,* & l'on rit. Il n'eſt pas aisé de donner une idée de l'accent *canut,* accent traînard, plein d'inflexions doucereuses, caressantes, hypocrites même ; avec des *o* & des *a* démesurément circonflexes : une *sâlle,* une *tâble;* puis, des terminaisons vives, dans le goût bordelais. Quant au vocabulaire *canut,* une mosaïque d'argot, de patois, de néologismes à dérouter Francisque Michel.

Guignol *bambane* (il flâne), en attendant son ami & compère Gniafron ; on entend celui-ci chanter un refrain bachique dans la coulisse ; on le voit : il a d'épais favoris, un vaſte chapeau tromblon presque blanc. C'eſt un savetier, comme l'indique son nom, un savetier toujours en proie au *soifement*. Point de bonnes parties, point de bonnes *fripes* pour Guignol sans Gniafron, & réciproquement. Je ne répondrais point de la parfaite moralité de ces deux amis ; ils se prêtent assez volontiers un coup de main à l'occasion, comme dans *le Déménagement,* une des pièces classiques de leur répertoire.

J'ai dit : leur répertoire. Il y a répertoire, en effet; grandes & petites pièces, en un, deux & trois actes. Les plus fameuses sont :

Guignol avocat.	*La tête de cochon.*
Guignol dentiste.	*Le marchand de picarlats.*
Guignol revenant.	*Le marchand d'anguilles.*
Guignol magicien.	*La botte de paille.*
Guignol dans la lune.	*Tape sur moi.*
Guignol en Chine.	*Turlupiton.*
Le marchand de veaux.	*Les frères Kock.*
Tu chanteras.	*La racine merveilleuse.*
La moutarde de Dijon.	*Les couverts volés.*
La théière.	*L'alchimiste.*
La redingote.	*Le pot de confitures,* etc.

Ces petites pièces sont fort gaies; une d'elles, qui passait la permission, *la Redingote,* a dû être défendue. Tous les Lyonnais vous la diront, — entre autres Berthelier, Pierre Dupont, Pailleron. Il s'agit d'un quiproquo roulant sur une redingote & une fille. *Guignol avocat* a dû également être rayé du tableau. D'autres scènes, telles que *le Marchand de picarlats* (les *picarlats* sont des fagots), ont une saveur de terroir; on voit Guignol amenant son âne chez un perruquier, pour que celui-ci lui accommode la *muſtache* & la *muche.* Naturellement le perruquier refuse. « Ah! tu ne veux pas le raser à bâbord ; eh bien, tu le raseras à tribord ! » s'écrie Guignol en retournant l'animal.

—

J'ai retrouvé *l'Habitant de la Guadeloupe*, ce beau & naïf drame de Mercier, dans *les Frères Kock,* du répertoire de Guignol. Jérôme Kock, parti tout jeune pour *les grandes Indes*, revient à Lyon avec une fortune colossale ; il n'a rien de plus pressé, comme un bon cœur qu'il eft, que de s'informer de ses deux frères. Ils s'adresse juftement à Gniafron, toujours entre deux vins, selon son habitude ; il apprend de lui que Kock l'aîné eft devenu notaire ou *gribouillon*; mais que c'eft un homme dur & avare, un caractère vaniteux. « Et le cadet ? demande Jérôme avec appréhension, le connaissez-vous aussi ? — Si je le connais ! répond Gniafron, nous avons fait nos *étuves* ensemble. — Quelle profession exerce-t-il ? — Il eft bijoutier sur le genou. — Dites-moi où il demeure, s'écrie Jérôme. — Là, monsieur. — Comment, dans une maison d'aussi chétive apparence ? — Pas d'apparence ! dit Gniafron ; une maison de six étages ! — Je n'en vois que deux. — C'eft qu'il y en a quatre d'enterrés. »

Jérôme Kock, plein d'émotion, veut aller frapper à la porte de son frère ; Gniafron l'arrête pour le prévenir que Kock cadet a été forcé par la misère de changer de nom, & qu'il s'appelle Guignol aujourd'hui. C'eft Kock le notaire qui, choqué du voisinage d'un savetier, lui a donné cent écus en échange de ce sacrifice. Jérôme remercie Gniafron de ses renseignements & l'engage à venir le voir à l'hôtel de l'Europe. « L'hôtel de l'Europe! s'écrie Gniafron, j'y suis reçu à bras ouverts; j'y ai-t-un de mes amis qui rince la vaisselle; je peux vous présenter à lui. — Merci, réplique Jérôme en souriant, j'ai mon valet de chambre. — Il a-t-un valet, murmure Gniafron; moi, j'en ai quatre dans mon jeu de cartes. »

Refté seul, Jérôme le millionnaire recommence la double scène de *l'Habitant de la Guadeloupe* & se présente tour à tour incognito chez ses deux frères. Le notaire l'éconduit brutalement. Guignol, au contraire, manifefte le plus cordial empressement. « Vous venez m'apporter des nouvelles de Jérôme, dit-il; ah! le bon garçon; quand il n'avait que trente sous, il m'en donnait toujours quarante! » Cédant à son attendrissement, Jérôme se fait alors connaître; la surprise & la joie éclatent chez Guignol de la façon la plus comique : « Ah! mon Dieu! c'eft vous... c'eft toi, grande bête... que je t'embrasse, mon pauvre vieux... Louison! Louison!... Comment, c'eſt toi, *avéque* des manchettes & un *bugne à trois lampions!* (un chapeau à trois cornes). Que veux-tu que je te fasse? Fumes-tu? Veux-tu que je t'envoie chercher du tabac? Non?... Louison, jette-toi dans les bras de ton oncle! Vois comme il est *floupé* (bien mis)!... Mais tu dois avoir faim? Qu'eſt-ce que tu veux pour la *chiquaison?*... Je me rappelle qu'autrefois tu aimais les gras-doubles... Embrasse-moi donc! Il faut que je te fasse un ressemelage soigné... Louison, apporte la forme numéro huit... tu seras *canant* (très-beau). »

Voilà la note de la nature; on ne peut qu'admirer & s'incliner.

Une autre parade non moins réjouissante eſt *Guignol dentiſte*. Au lever du rideau, Guignol & Gniafron s'abordent avec triſtesse; ils sont sans *pécuniaux*, c'eſt-à-dire sans argent, & ils avisent au moyen de déjeuner.

Guignol. — Vois-tu, Gniafron, la *tailleuserie* & la *savaterie*, ça ne va plus; nous devrions changer de métier.

Gniafron. — Quel métier pourrions-nous bien faire, mon ami *Chignol?*

Guignol. — Mettons-nous marchands de vin.

Gniafron, *indigné*. — Marchands de vin! Eſt-ce que ça se vend le vin? Si t'en avais, tu le vendrais donc?

Guignol. — Et qu'en ferais-tu, toi?

Gniafron. — Je le boirais; mais le vendre, jamais!

On discute sur le choix de plusieurs professions.

— Fais-toi dentiſte! s'écrie Gniafron, comme inspiré.

— Je ne connais pas la *dentisserie,* répond Guignol; mais toi qui connais tout, pourquoi que tu ne te fais pas dentiſte?

— Pourquoi? parce que pour être un bon dentiſte il faut avoir beaucoup de toupet, & que tu as une dose de menterie *que* se porte bien.

— Oh! par exemple! réplique Guignol.

— Alors pourquoi donc que tu m'as dit l'autre jour qu'étant allé te promener au bois de la Roche-Cardon tu avais trouvé un nid de lièvre où il y avait dix œufs dedans?

Suit un assaut de bourdes plus énormes les unes que les autres, à la façon de M. de Crac & du baron de Munchausen. Guignol consent à passer pour dentiſte auprès d'un vieux bonhomme dont la mâchoire a dérouté l'art de tous les praticiens.

— Je lui ferai croire que tu es un *docqueteur* qui vient de très-loin, dit Gniafron.

— C'est ça ; fais-moi venir de la Gouape-qui-loupe (la Guadeloupe) ; tu m'appelleras Chigna-Chilus, né à Saint-Symphorien-d'Ozon, département du Haut-Rhin, canton du Cantal, & le Puy-de-Dôme par dessus.

— Bravo ! dit Gniafron, & tu parleras latin.

— Mais s'il le connaît, objecte Guignol, il verra que je ne le sais pas.

— Je lui dirai que c'eft un latin étranger.

Le vieux arrive, le menton enveloppé dans un mouchoir, pouffant des *hélas!* à chaque parole. Guignol veut être seul avec lui pendant l'*opérance*. Voici l'interrogatoire auquel il commence par le soumettre :

GUIGNOL. — Ouvre le portail, vieux. (*Il l'étend sur le rebord du théâtre, & lui ouvre la bouche.*)

LE VIEUX. — Oh ! là ! là ! que vous me faites mal !

GUIGNOL. — Ce n'eft rien ; si je ne vous *dégrabole* pas cette dent-là, je veux que le diable vous emporte. Quel âge avez-vous ?

LE VIEUX. — Soixante-trois ans.

GUIGNOL. — Avez-vous été marié ?

LE VIEUX. — Trois fois.

GUIGNOL. — Avez-vous des enfants ?

Le Vieux. — Trois.

Guignol. — Combien faites-vous de repas par jour?

Le Vieux. — Trois.

Guignol. — Êtes-vous riche?

Le Vieux. — Trois cent mille francs.

Guignol. — Où demeurez-vous?

Le Vieux. — Rue des Trois-Carreaux.

Guignol. — A quel étage?

Le Vieux. — Au troisième.

Guignol. — Tout par trois! Eh bien, je vais vous guérir en trois coups. Attendez. (*Il sort & revient avec un bâton.*) D'abord, une légère friction le long de la colonne *vertébroque*. Vous cracherez quand je dirai : Trois. Y êtes-vous?

Le Vieux. — Oui.

Guignol. — Une! (*Il lui donne un coup de bâton.*) Deux! (*Même jeu.*) Trois! Crachez. (*Le vieux tombe.*) Est-elle tombée?

Le Vieux. — C'est ma tête qui est tombée; mais la dent n'a pas bougé de place.

Guignol. — Nous allons recommencer.

Le Vieux. — Non pas, non pas ; vous finiriez par m'assommer. Le derrière de la tête me fait à présent plus de mal que le devant.

Guignol. — J'ai votre affaire. (*Il va chercher un pistolet.*)

Le Vieux. — Ne plaisantez pas avec cet instrument.

Guignol. — Voyons, tenez-vous tranquille. (*Il le place contre une coulisse & va se mettre à l'autre extrémité.*)

Le Vieux. — Mais vous allez me tuer!

Guignol. — N'aie pas peur, ganache. (*Il vise, le coup part & le vieux tombe. Guignol lui extirpe une immense dent de cheval.*) Je crois bien que vous deviez souffrir; c'eft un vrai nid de sauterelles. Faites-m'en cadeau, elle servira de girouette à mon château.

Tout le monde eft accouru au bruit de l'explosion; on félicite Guignol, & le vieux lui demande ce qu'il réclame pour une aussi belle cure.

— Cent francs, dit hardiment Guignol.

— Ce n'eft pas assez, en voilà trois cents, répond l'opéré.

— Trois cents francs! Venez que je vous en arrache une autre!

Je m'arrête; j'en ai dit assez, je crois, pour faire attribuer désormais à Guignol sa part d'importance dans l'hiftoire des marionnettes; c'eft tout ce que je voulais.

—

Hommes graves! hommes graves! ne vous étonnez point du zèle & de la conviction qui ont présidé à cette étude. Je respecte vos rêveries devant un chiffre, devant un marbre, devant une plante, devant un insecte; respectez mes rêveries devant un pantin. Allez à la Bourse, hommes graves! allez au Palais, allez à la Douane, allez à la Sorbonne, je vous comprends & je vous approuve. Moi, comme le Wilhem Meister de Gœthe, je demeure accoudé sur cette table de café, dans la fumée, devant ce petit théâtre, au bruit de ce piano...

AMIENS

A Jean Riant ! — C'eſt l'enseigne d'un cabaret situé au bas d'Amiens, au coin de la rue de la Barette & sur le bord de la Somme. *A Jean Riant !* Et tout invite à entrer dans cette maison, dont la pierre a été peinte en vert, ainsi que cela se pratique pour la plupart des cabarets du Nord. Du reſte, on adore la couleur verte à Amiens, tout le témoigne : la rue du Puits-Vert, la rue des Verts-Moines, la rue des Verts-Aulnois, l'hôtel du Vert-Soufflet.

Au milieu d'un cadre de feuilles vertes, — des feuilles de vigne, naturellement, — un peintre local a représenté le type inconnu de Jean Riant sous les traits d'un énorme compère en manches de chemise, au teint rubicond, aux lèvres entr'ouvertes, & dont les cheveux hardiment blonds ont cette crêpelure, indice de la passion & de la force. Il tient un verre dans sa main. Au-dessus de cette peinture, qui n'eſt pas plus naïve qu'il ne faut, on lit cette indication : Amédée, débitant.

Mais que m'importent Amédée & son débit ! C'eſt à Jean Riant seul que je viens rendre hommage.

Quand je m'arrête dans le cabaret de Jean Riant, je monte au premier étage. De la fenêtre, je vois la Somme, à qui ses nombreux & hauts peupliers donnent des reflets si verts & si profonds. Ces peupliers font avec leurs belles feuilles métalliques & luisantes un tapage continuel : ils s'inquiètent, ils s'étonnent, ils se penchent les uns vers les autres comme pour se consulter ; puis ils éclatent, ils se tourmentent, ils sanglottent. L'eau les laisse dire, & coule lentement en charriant des légumes.

— Garçon ! une bouteille !

Je fais comme Jean Riant ; je lève mon verre, & je suis heureux. Je ne pense pas, je me contente de la sensation. J'envoie mes yeux se promener tout là-bas, au fond de ces épaisses masses d'arbres qui interrompent l'horizon ; & ils y vont en compagnie de ma rêverie. Comme ils se trouvent bien sous ces allées touffues ! Les nuages, où tant de gens cherchent leurs idées, me plaisent moins : d'abord, ils sont si blancs qu'ils me font cligner les paupières ; j'aime mieux les voir couler dans la Somme.

Le temps eft superbe, mais le vent eft un peu fort ; je ne m'en plains pas : cela rafraîchit mon front & disperse mes cheveux. Devant moi, un jeune officier pêche à la ligne. La rivière eft par-ci par-là un peu abîmée par les teinturiers, qui sont en grand nombre à Amiens. — Au lointain, tout eft marais & tourbières ; les cultivateurs vont de l'une à l'autre de leurs maisonnettes dans un bateau étroit & long ; chacune de ces maisonnettes a un potager où resplendissent des tournesols magnifiques, où s'étalent des nappes de cresson qui font frissonner d'aise, où verdoient des choux énormes avec de larges feuilles (conçoit-on que ces choux-là recèlent un si joli & si tendre petit cœur !). Tout cela eft charmant à examiner du cabaret de Jean Riant. C'eft la Venise maraîchère.

Je ne parle pas de ces innombrables ponts de bois, — joie du paysage, — non plus que des grandes roues de moulins qui battent l'eau. Il n'y a rien de tel que les environs d'Amiens pour cette variété d'aspects. Quel dommage qu'il n'y vienne pas de vin, n'eft-ce pas, Jean Riant ?

Voilà les peupliers d'en face qui font un vacarme prodigieux : il va pleuvoir. Plus affermis sur leurs troncs, les petits arbres fruitiers des jardins voisins ne bougent pas, eux, & se moquent du vent. Mais, échevelés & flexibles, les acacias se donnent à tous les diables, ils se lamentent, ils se tordent par toutes leurs branches...

Adieu le soleil! il recule devant le vent & se voile. Pour moi, je ne m'en soucie guère. A ta santé, Jean Riant, joyeux patron de ce gîte picard, bonne face, grosse santé, belle humeur, Bacchus du peuple! Que j'aie longtemps pied alerte & longue soif, & je te promets sonores litanies! — Jean Riant, protégez-nous! — Jean Riant, étoile du port (en amont), brillez sur nous! — Éloignez de nous, Jean Riant, les trois plus épouvantables fléaux du monde : la fièvre, la guerre & l'amour! — Je m'arrête, car il faut des rimes à cette litanie, comme il faut des clochettes d'or à une haquenée de reine; des rimes qui aient le son & la couleur, la couleur du rubis, le son du cristal. Hélas! pour oser tenter une pareille œuvre, je ne suis encore que Jean Souriant.

BORDEAUX

I

Bordeaux! ce nom éveille immédiatement une idée de grandeur, de magnificence, d'orgueil. Une forêt de mâts & de pavillons se dresse tout à coup aux regards; on aperçoit de vaftes rues, bordées de maisons hautes, larges, imposantes, sculptées avec fafte, & qui sont les hôtels d'une ariftocratie commerciale. Il semble qu'on connaisse Bordeaux avant de l'avoir vu; c'eft une des villes qui réalisent le plus complétement l'image qu'on s'en eft formée.

J'ai passé à Bordeaux la première partie de ma jeunesse; & j'en veux parler pendant quelques pages, d'abord pour obéir à ce besoin d'évocation dont tout homme eft saisi à moitié de sa carrière; ensuite, parce que le Bordeaux d'aujourd'hui eſt bien différent du Bordeaux d'autrefois. Que voulez-vous? trente ans, vingt ans même suffisent dans notre époque à transformer entièrement une cité, mœurs & physionomie, habitants & maisons.

Dès le quatrième siècle, Bordeaux avait rang parmi les villes célèbres. Son enfant, le poëte Ausone, devenu consul à Rome & gouverneur du fils de l'empereur Valentinien, parle d'elle en ces termes : « Depuis longtemps je me reproche un impie silence, ô ma patrie, toi, grande par Bacchus (*vous voyez, déjà!*), célèbre par tes fleuves, tes grands hommes, les mœurs & l'esprit de tes citoyens, & la noblesse de ton sénat! »

Il trace ensuite un tableau de Bordeaux, plein de lignes majeſtueuses : « Bordeaux eſt le lieu qui m'a vu naître; Bordeaux, où le ciel eſt clément; où la terre, fécondée par l'humidité, prodigue ses largesses; où sont les longs printemps, les rapides hivers & les coteaux chargés de feuillage. Son fleuve qui bouillonne imite le reflux des mers. L'enceinte carrée de ses murailles élève si haut ses tours altières, que leurs sommets aériens percent les nues. On admire au dedans les rues qui se croisent, les maisons bien alignées & la largeur des places; puis les portes qui répondent en ligne directe aux carrefours, &, au milieu de la ville, le lit d'un fleuve alimenté par des fontaines. Lorsque le père Océan l'emplit de son reflux, on voit la mer tout entière s'avancer avec ses flottes. »

A part les hautes murailles dont il ne refte aucun veftige, on pourrait croire ce tableau signé d'hier.

Mais ce n'eft pas le Bordeaux d'Ausone que je prétends évoquer,—non plus que le Bordeaux de Huon, du prince Noir ou des deux Sourdis. Peut-être aurais-je aimé à m'arrêter sur la période brillante du gouvernement du duc de Richelieu, &, le loisir aidant, j'aurais essayé de reconftruire une société bordelaise toute d'opulence & d'éclat.

Du plus loin qu'il m'en souvienne, je revois un Bordeaux que j'appellerai le *Bordeaux gascon*, & dont les traces n'exiftent plus guère. Je revois des femmes d'une haute ftature, couronnées de coiffes géantes, droites & carrées; ce sont les matrones du Grand-Marché & du marché des Récollets, — ou plutôt du marché des Grands-Hommes, pour me conformer aux dénominations révolutionnaires. Ces amazones de la marée avaient pour petits noms : Cadiche, Cadichonne, Seconde. Elles parlaient un patois vivement accentué, qui me fut toujours singulièrement agréable, & où revenait souvent le fameux *quésaco*. A cette époque, on avait les oreilles si généralement frappées par ce patois, dans les rues, dans les boutiques, que tout le monde le comprenait, — si tout le monde ne le parlait pas.

Le patois bordelais a eu son poëte dans le boulanger Verdié, bien avant que le patois agenais ait eu le sien dans le coiffeur Jasmin. *Meſte* Verdié demeurait rue Pont-Long; c'était entre deux fournées de *choines* & de pain *cô* qu'il rimait ses récits populaires, d'une gaieté un peu salée.

Il faut avoir entendu un Bordelais de la vieille souche réciter, avec l'accent & le geſte indispensables, *le Retour de Guillaoumet dans ses foyers* :

> Lou binte-dus octobre, après abé bregnat,
> M'aribat un cousin en habit de sourdat.
> Lou counechéby pas denpuey quatorze annades
> Que quitet lou peïs per chégue les armades.
> ... Té! té! dissury jou; quoi! c'eſt toi, Guillaoumet?
> Qui t'aouré counéchut dam aquet grand plumet?

Ce Guillaoumet revenu de la guerre eſt un drôle qui récompense son cousin Bernat de son hospitalité en séduisant sa femme, la Mariote. Cette narration burlesque fut si bien accueillie lors de sa publication, que le boulanger-poëte se crut obligé de lui donner plusieurs *suites*. Ce fut d'abord la *Cataſtrophe affruse arribade à meſte Bernat, ou sa Séparation dam Mariote,* &, peu de temps après, l'*Arribade de Guillaoumet dens lous anfers :*

> Que bedy? qu'es aco? tant de focs & de flammes !
> Es aco lou séjour oun descenden las ames?

Tel fut le succès de l'odyssée de Guillaoumet qu'il se rencontra des gens pour l'attribuer à M. de Martignac, ce Maurepas girondin. C'était la mode alors à Bordeaux de tout attribuer au sémillant avocat, coupable d'ailleurs de plusieurs vaudevilles & de quelques autres œuvres légères & anonymes, introuvables, dit-on, — mais que je retrouverai. Le pauvre Verdié fut désolé de se voir disputer sa gloire; il n'en *patoisa* pas moins jusqu'à la fin de ses jours. A la série des Guillaoumet il faut joindre : *Bertoumiou à Bourdeou, ou lou Peysan dupat; Antony lou dansaney, ou la Rebue dos Champs Elyseyes de Bourdeou; lou Sabat daou Médoc, ou Jacoutin lou debinaeyre dam Piarille boussut,* etc., etc. — Ce sont des petits cahiers de huit, douze ou seize pages, qui se vendaient aux ficelles des étalagiſtes, moyennant deux ou trois sous.

La plus caraĉtériſtique de ces compositions, à mon avis, eſt un dialogue intitulé : *Cadichoune é Mayan, ou les Doyennes dés fortes en gules daou marcat,* dialogue épicé comme un kari, chapelet de tropes poissards, & pouvant soutenir la comparaison avec les *bouquets* les mieux assortis de Vadé. J'ai vu jouer *Cadichoune é Mayan* sur le théâtre dit de Gilotin, que remplacent aujourd'hui les Folies-Bordelaises. — Quelque chose de hideux, cet ancien théâtre Gilotin, à l'intérieur comme à l'extérieur ! — C'étaient deux hommes qui représentaient les deux doyennes ; je laisse à penser s'ils s'étaient affublés de coiffes démesurées !

Elles ont donc disparu peu à peu, les grandes coiffes ; les dernières se sont réfugiées autour de l'église Saint-Michel, ce quartier de la vieille artisanerie. Encore quelque temps & on ne les retrouvera plus que dans les spirituels dessins de M. de Galard, un des premiers propagateurs de la lithographie à Bordeaux (avec Goya). C'eſt là aussi qu'il faudra aller chercher ces grisettes dont la renommée fut pendant si longtemps européenne, ces jolies filles qui formaient une population à part dans la population ; race fine, petite, brune, aux cheveux lisses sur le front & au chignon enveloppé dans un foulard de couleur éclatante. Aujourd'hui le bonnet a tout à fait détrôné le foulard, cette délicieuse importation créole.

Voilà pour mon *Bordeaux gascon*, quant

aux coftumes & au langage. Les rues, les édifices, à présent transformés & qui se lient à la même époque, ne sont pas moins préserts à ma mémoire. Sans remonter au Tourny planté d'arbres & dont la physionomie offrait, à ce qu'on rapporte, un caractère autrement amusant que de nos jours, — je puis accorder un regret au Jardin Public que j'ai vu si ombreux, si solennel, avec ses tilleuls centenaires, ses taillis profonds, ses pelouses & sa terrasse d'un si noble ftyle. Les jeudis & les dimanches, tout un peuple d'écoliers s'ébattait dans ses herbes hautes & autour des chevaux de bois. Les militaires y faisaient l'exercice le matin; d'autres fois, c'était une classe de tambours qui assourdissaient les échos. Aux heures embrasées de l'après-midi, quelques comédiens y venaient apprendre leurs rôles à l'ombre. La galanterie y avait aussi ses droits, comme vous le pensez bien; le crépuscule amenait avec lui son cortége d'ombres indécises & de couples aux mains entrelacées.— Ce Jardin Public-là n'exifte plus; ses ombrages ont été remplacés par des parterres, fort élégants & fort peu myftérieux.

J'ai connu la Baftide, lorsque la Baftide n'était qu'un riant village; j'ai suivi, à travers les plus jolies guinguettes du monde & les plus délicieuses maisons de campagne, le chemin fleuri qui allait vers la Souys. Ce chemin a été remplacé par un autre, tout le long de la berge, droit comme un I.

Mais ma pitié pour les arbres m'éloigne un peu de Bordeaux, j'y rentre. Quelque sympathie que j'éprouve pour le passé, je n'en suis pas cependant à regretter le fort du Hâ, cette abjecte prison. Peu m'importe qu'on ait rayé de mon *Bordeaux gascon* ce monceau de pierres & de fer, cette ruine laide & noire, pleine seulement des souvenirs du terroriste Lacombe.

Je ne prends pas aussi facilement mon parti de la métamorphose de la rue Sainte-Catherine, — *cette principale artère de notre cité,* comme ne manquait jamais de dire feu *l'Indicateur,* le journal-Prudhomme de Bordeaux. (*L'Indicateur* disait aussi en parlant des membres du conseil municipal : *nos édiles.*) — La rue Sainte-Catherine actuelle porte dans son long parcours l'empreinte de l'esprit moderne, froidement pratique & ingénument positif, l'esprit d'un siècle sans architecture, ce qui sera la grande insulte que l'on jettera plus tard au dix-neuvième siècle. La rue Sainte-Catherine actuelle est claire, propre, d'une régularité irréprochable; elle fait très-bien sa partie dans le chœur des grandes rues neuves de Paris & de Lyon, auxquelles elle ressemble en tous points.

L'ancienne rue Sainte-Catherine était tortueuse, sombre, étroite; elle changeait dix fois de physionomie & de nom dans sa route; elle allait d'abord cahin-caha jusqu'à la place Saint-Projet; là, le désordre s'emparait de ses pas; elle s'engouffrait dans un petit passage, dégringolait une ruelle pour aboutir à la fontaine du Poisson-Salé; elle devenait la rue du Cahernan, &, jouant des coudes à droite & à gauche, elle débouchait sur les fossés des Carmes, qu'elle traversait. Elle s'enfonçait alors dans le quartier israélite & s'intitulait la rue Bouhaut. — Oh! ce quartier & cette rue! je voudrais rendre l'impression étrange qu'ils m'ont laissée; je voudrais donner une idée de ces grandes maisons sévères, aux fenêtres toujours closes, aux cours à galeries superposées & ouvertes. Le bas de ces maisons était presque uniformément occupé par des boutiques de marchands d'habits, de ces boutiques encombrées & profondes où les juifs excellent à faire la nuit. Des noms d'origine espagnole ou portugaise s'étalaient fièrement sur les enseignes : Chimène, Léon, Mendès, Rodriguez, Nunez, Lopez, Diaz, etc. Chaque maison était exhaussée de cinq ou six marches sur lesquelles jouaient & criaient des enfants singulièrement nombreux. Toute une population reconnaissable à ses yeux perçants, vieillards à barbe blanche, jeunes filles à chevelure noire, se pressaient, circulaient dans cette rue Bouhaut, appelée familièrement par ses habitants eux-mêmes *le canton* ou *la nation*, & qui était le centre du quartier israélite, si considérable & si important à Bordeaux, à toutes les époques.

Au bout de la rue Bouhaut était la place Saint-Julien, où avaient lieu les exécutions capitales. Ce théâtre sanglant faisait le pendant du Grand-Théâtre, situé à l'autre extrémité de la rue Sainte-Catherine. — Grâce à Dieu, ne m'y étant jamais trouvé au petit jour, je n'ai rien à raconter de ses légendes siniftres...

Je désirerais en finir avec les rues avant d'arriver aux hommes. Or, ma mémoire est semblable elle-même à un carrefour où je me sens attiré de tous les côtés. C'eft la rue du Puits-de-Bagne-Cap qui veut me dire son fabliau du basilic; c'eft la rue des Argentiers & la rue des Bahutiers qui essayent de m'induire en moyen âge; c'eft la rue Saint-James, pleine des souvenirs de la domination anglaise; c'eft la rue des Ayres, où il n'y a que des fleuriftes; la rue Bouquière, où il n'y a que des tourneurs tabletiers; la rue Bouffard, où il n'y a que des cordonniers; c'eft la rue Victoire-Américaine, avec sa double rangée de maisons uniformes & fières; ce sont des rues aux noms plus bizarres les uns que les autres : la rue des Trois-Canards, la rue Maucoudinat, la rue Tombe-Loly, la rue Arnaud-Miqueu, la rue Cache-Cocu (aujourd'hui rue Sainte-Eugénie), la rue du Grand-Cancéra & la rue du Petit-Cancéra, la rue de la Grande-Taupe & la rue de la Petite-Taupe, la place Colombe, le chemin de Terre-Nègre, la rue Coupe-Gorge,— derrière le cimetière de la Chartreuse. Horreur !

Ce sont les Allées d'Amour, terminées d'une façon si romantique par le porche de Saint-Seurin, les Allées d'Amour qui me disent : « Ingrat ! n'auras-tu pas un mot pour nous dans ta nomenclature ? Nous t'avons vu bien souvent, en une certaine année où tu semblais prendre à tâche de justifier notre nom ; tu passais régulièrement à la même heure, entre chien & loup ; tu te dirigeais vers la rue des Religieuses, puis tu revenais sur tes pas, lentement, tournant la tête, t'arrêtant jusqu'à ce qu'un bruit de feuilles réveillées t'annonçât la présence de la personne attendue. Pour nous avoir oubliées, il faut que tu aies trouvé à Paris d'autres Allées d'Amour ! (1) »

Hélas !

Et le bon vieux palais Galien, cette ruine en-

---

(1) Mon digne ami le docteur Vénot m'écrit pour m'apprendre que les Allées d'Amour doivent être orthographiées : *allées Damour*, du nom d'un chanoine. — Tant pis ! je ne détruirai pas ma période.

nuyée, perdue au milieu des échoppes, s'affaissant chaque jour & s'en allant en poussière ! Le palais Galien, ce refte misérable d'une chose immense & splendide ! Des fragments d'arceaux briquetés & durement cimentés s'en voyaient encore, de diftance en diftance, encaftrés dans les murailles des maisons de la rue Fondaudége.
— Je ne saurais mieux comparer ces débris qu'aux Thermes de l'hôtel de Cluny.

Quant au théâtre...

II

SÉJOUR DE MOLIÈRE A BORDEAUX. — LA GRANGE-CHANCEL. —
LES SALLES DE SPECTACLE AVANT LOUIS.

M. G*** s'exprima de la sorte :

— Je suis le doyen des habitués du Grand-Théâtre de Bordeaux, & accessoirement du Théâtre-Français. Vous souriez de l'espèce de vanité que j'apporte dans cette déclaration. C'eft moi qui porte constamment une calotte de velours noir ; & c'eft moi aussi que l'ouvreuse eft parfois obligée de venir réveiller, quand la rampe eft éteinte.

Je n'ai pas toujours dormi comme maintenant ; vous allez vous en apercevoir. J'ai eu longtemps des yeux très-ouverts & des oreilles très-attentives ; c'eft de moi que date l'expression locale : *Ecouter le ballet*. Si je ferme les yeux aujourd'hui, c'eft pour revoir mes vieilles & chères connaissances.

Je ne suis pas un savant, mais j'ai de la mémoire ; &, puisque vous voulez bien faire appel à mes souvenirs, je vais essayer de grouper quelques épisodes, de raviver quelques portraits.

Vous ne me trouverez pas très-ferré sur les origines de l'art dramatique dans notre ville.

La présence de Molière à Bordeaux, avec la troupe de la Béjart eſt une tradition généralement admise. On cite l'excellent accueil qu'il reçut du duc d'Epernon, gouverneur de la Guienne ; on indique dans la rue Montméjean le théâtre où il donna ses représentations ; on rappelle que c'eſt là qu'il fit jouer son premier essai tragique, *la Thébaïde*, & l'on ne cherche point à dissimuler l'insuccès de cette œuvre. Ces affirmations sont tellement précises, qu'elles ont été enregiſtrées & acceptées par tous les biographes de l'illustre comique (1).

(1) Pourtant, il s'eſt trouvé dernièrement, à Bordeaux même, un homme très-honorable & très-sincère qui a essayé de conteſter la valeur de ces renseignements. Dans une *Hiſtoire des théâtres de Bordeaux*, M. A. Detcheverry, archiviſte de la mairie, élève des doutes sur le passage & le séjour de Molière. De ce que, dans les dossiers relatifs au gouvernement du duc d'Épernon, il n'a rencontré ni quittance ni enregiſtrement théâtral, M. Detcheverry eſt bien près de conclure au rejet de la tradition.

En pareille matière cependant, il faut compter pour quelque chose la tradition, surtout lorsque, comme ici, elle ne sert aucune opinion & n'eſt utile à aucune caſte. A défaut des pièces officielles que réclame M. Detcheverry, il eſt d'autres documents qui ne sont pas sans autorité. Je crois à deux voyages de Molière à Bordeaux, & peut-être à un troisième. Je vais dire les raisons sur lesquelles je m'appuie.

Je sais avec plus de certitude que la Grange-Chancel, préludant à ses trop véhémentes *Philippiques*, écrivit chez nous, & dans l'âge le plus tendre, ses premières tragédies.

On sait que Molière quitta Paris en 1645 pour exploiter la province avec une troupe dirigée par Madeleine Béjart. Vers quelle ville importante se dirigea-t-il d'abord ? Bordeaux réclame, & sa réclamation semble fondée par la date de *Séjanus*, tragédie de Jean Magnon, — ce poëte excentrique qui se vantait d'avoir fait sept cent cinquante vers en moins de dix heures, & qui mourut assassiné sur le Pont-Neuf. *Séjanus* eft dédié au duc d'Epernon (Bernard de Nogaret de la Valette). L'auteur rappelle en termes reconnaissants la protection accordée par Monseigneur à la troupe de la Béjart pendant son séjour à Bordeaux. Cette dédicace, imprimée en 1647, permet de supposer que la Béjart était à Bordeaux en 1646. Si la Béjart y était, Molière y était aussi. — Voilà pour le premier voyage.

Deux ans après, en avril 1648, on retrouve Molière en représentation à Nantes, ainsi qu'il résulte de pièces authentiques. On perd ensuite sa trace jusqu'à Narbonne, où sa présence, le 10 janvier 1650, eft confirmée par un acte de baptême où il figure en qualité de parrain. Mais entre Nantes & Narbonne, il y a Bordeaux; M. Bazin & plusieurs autres hiftoriens n'hésitent pas à déterminer jusqu'aux premiers mois de 1649, — époque des troubles de la Fronde, — le séjour que Molière dut y faire.

J'avoue qu'en ce qui concerne un troisième passage, je n'ai d'autre guide que l'ouvrage de M. Emmanuel Raymond : *Pérégrinations de Molière dans le Languedoc*. Il eft vrai que c'eft un des livres les plus riches en documents inédits qui aient été publiés depuis sept ans. Voici comment s'exprime M. Emmanuel Raymond, après avoir signalé la rencontre de Molière avec Chapelle & Bachaumont à Carcassonne, au mois d'août 1656 : « De Carcassonne, la troupe de Molière se porta sur Caftelnaudary, visita une seconde fois Toulouse, s'arrêta à Agen, & alla faire à Bordeaux le malencontreux

Au dix-huitième siècle, deux acteurs qui devaient tenir une place eſtimable à la Comédie-Française, Bellecour & d'Alainval, méritaient les applaudissements du public bordelais, réputé déjà comme très-difficile.

Vers la même époque, une de nos plus gracieuses compatriotes prenait son essor vers l'Académie royale de musique; c'était mademoiselle Fel, à qui Jean-Jacques Rousseau a consacré quelques lignes de ses *Confessions*, mademoiselle Fel, la maîtresse de Grimm, & qui créa le rôle de Colette dans *le Devin du village*.

Un assez grand nombre de salles de spectacle se succédèrent avant l'érection du fameux monument de Louis. J'étais trop jeune pour me les rappeler aujourd'hui. Je sais seulement que,

---

essai de *la Thébaïde*, dont le président de Montesquieu a rendu compte. »

Je borne là mes inveſtigations, après lesquelles il me paraît difficile de croire que Molière *ne soit pas allé à Bordeaux*.

Le 14 janvier de cette année (1865), à l'occasion du deux cent quarante-troisième anniversaire de la naissance de Molière, Bordeaux s'eſt piqué d'honneur plus que Paris, en faisant représenter sur son Théâtre-Français, une comédie en deux actes & en vers, intitulée *Molière à Bordeaux*. L'auteur eſt M. Hippolyte Minier, un de ces poëtes & de ces sages qui se trouvent fort bien de la province où ils ont enclos leur ambition. Ce n'eſt ni sa première pièce, ni son premier succès. Les lettrés connaissent de M. H. Minier des satires extrèmement remarquables.

tour à tour incendiées, elles n'ont laissé nulle trace, ni dans la rue du Chai-des-Farines, ni sur la place de la Mairie, ni sur les fossés de l'Intendance, non plus qu'à la porte Dauphine, où elles furent situées.

L'ère dramatique de Bordeaux ne date réellement que de la fondation du Grand-Théâtre, par Louis.

INAUGURATION DU GRAND-THÉATRE. — BEAUMARCHAIS. — LES CINQ GENRES. — LE GRAND-OPÉRA. — UNE ÉMEUTE. — PÉRIODE RÉVOLUTIONNAIRE. — LAYS. — LA PAUVRE FEMME. — MADAME CATALANI. — MADAME BRANCHU. — L'OPÉRA-COMIQUE.

On a tout dit sur le Grand-Théâtre de Bordeaux, sur cette majeftueuse œuvre d'art dont l'édification dura sept ans & coûta des millions; c'eft notre *régent*, à nous. Pourtant ce ne fut pas sans subir de longues luttes, sans endurer d'odieuses tracasseries, que Louis put mener à fin son monument. Un jour que Beaumarchais, de passage à Bordeaux, était venu le voir au milieu de ses échafaudages, le pauvre architecte lui confia ses chagrins & ses découragements.

— Allons, lui dit en riant l'auteur de *Figaro*, faisant allusion aux appareils de toute sorte qui l'environnaient; allons, en élevant cet édifice à ta gloire, ne t'attendais-tu pas à être encombré par les *grues?*

Malgré cette apparence de plaisanterie, Beaumarchais s'intéressa sérieusement aux projets de son ami, l'aida de son influence, qui était grande, & de ses conseils, qui étaient bons ; ce fut même à cause de Louis que Beaumarchais resta à Bordeaux une partie de l'année 1778 ; il appliqua son imagination & son activité à la réalisation des fonds nécessaires pour l'achèvement de la salle ; — & ce diable d'homme, qui traînait en tous lieux le succès après lui, contribua vivement au triomphe définitif de Louis.

L'ouverture du Grand-Théâtre eut lieu solennellement le 8 avril 1780. On joua *Athalie.*

Cinq genres s'emparèrent de cette salle toute resplendissante : le grand-opéra, la tragédie, la comédie, l'opéra-comique & le ballet.

Le grand-opéra fut d'abord défrayé par Gluck & Piccini ; je me souviens encore des magnifiques représentations d'*Armide,* où brillait la belle voix de mademoiselle Clairville, sans rivale dans les *rôles à baguette;* on désignait ainsi les rôles de fée & de reine. *Œdipe à Colone, Clytemnestre, Zoraïme & Zulnare, Anacréon chez Polycrate, Sargines, Gulistan, Stéphanie & Montano,* m'ont fait passer des moments délicieux. Je crois encore entendre la voix de Donat, une des plus puissantes *hautes-contre* que l'on ait jamais connues. Aujourd'hui, les hautes-contre s'appellent des ténors. Pauvres ténors ! en ai-je vu assez défiler devant cette rampe : Fay, Lecomte, Dumas, Tesseire, Ragueneau, Valgalier.

Trois ans après l'ouverture du Grand-Théâtre, c'est-à-dire en 1783, il y éclata une émeute considérable. Je vais vous la raconter dans ses détails. Gaillard & Dorfeuille étaient alors directeurs. Le parterre les demanda un soir, en criant qu'il voulait voir jouer *Caſtor & Pollux* par un acteur de Paris, alors de séjour à Bordeaux. Méconnaissant le vœu du public, les jurats défendirent aux directeurs de se présenter ; ils allèrent même plus loin, & comme on insistait, ils firent baisser la toile sans annonce & éteindre les lumières. Le parterre indigné cria beaucoup ; il évacua la salle pourtant, mais la sortie fut si bruyante, que les jurats se crurent obligés de faire enlever un des cabaleurs & de le faire conduire à l'hôtel de ville dans une voiture escortée du guet à cheval, le sabre nu.

Jusque-là ce n'était rien, ou du moins c'était peu de chose.

Mais, le lendemain, les têtes avaient fermenté. On se rendit en foule au Grand-Théâtre, avec la résolution de ne point laisser jouer avant qu'on n'eût rendu à la liberté le jeune homme arrêté la veille, & que les directeurs ne fussent venus eux-mêmes présenter des excuses.

Les jurats avaient prévu ces dispositions & répandu en conséquence dans le parterre un grand nombre de *mouches* ou espions; reconnus, ceux-ci furent renversés & foulés aux pieds. Des valets de ville survinrent, &, le sabre au bras, tombèrent sur la jeunesse.

Un cri général d'indignation partit des loges, des balcons & du parquet. « Tue! tue! » exclame-t-on de tous côtés; ces mots raniment les jeunes gens, & la soldatesque est repoussée. Mais ce triomphe ne leur suffit pas : il leur faut la délivrance du prisonnier, ainsi que la punition des directeurs. Dorfeuille paraît & essaye quelques soumissions; on les rejette. Alors un jeune homme se hisse sur les épaules d'un groupe, & fait défense à tout le monde de revenir au théâtre d'ici à trois mois.

A neuf heures & demie on se sépara; le spectacle n'ayant pas eu lieu, la recette dut être versée dans la caisse de l'hôpital.

Les jours suivants, trois mille personnes au moins, rassemblées sur la place, s'emparaient des avenues du théâtre, les barricadaient, empêchaient les abonnés d'entrer, chassaient la garde bourgeoise, & reconduisaient les femmes avec recommandation de ne plus revenir, si elles ne voulaient s'exposer à être fouettées.

Cette mise en interdiction ne pouvait durer longtemps. Malgré le privilége qu'avait la ville de se garder elle-même, M. de Fumel fit demander des troupes. Deux cents dragons arrivèrent. En outre, le parlement lança ses foudres & ordonna une instruction contre les séditieux. Ces coups d'autorité firent renaître le calme, mais néanmoins on continua à ne pas aller à la comédie, excepté quelques capitaines de navire et quelques étrangers.

En fait de cabale, convenez que celle-ci eft une des plus importantes que les annales dramatiques aient eues à conftater (1)

En juin 1793, Lays donna douze représentations ; mais notre municipalité, le considérant comme suspect de modérantisme, l'empêcha de continuer. Ce qu'il y a de plus curieux, c'eft qu'après Thermidor, ce même voyage fut reproché à Lays, & qu'à Paris on l'accusa de s'être rendu à Bordeaux avec une mission du comité de salut public.

Pendant quelques années les représentations

---

(1) Il faut toutefois placer au premier rang l'émeute de Marseille, arrivée en 1772 & remplie d'incidents épouvantables.

furent plus orageuses que jamais ; elles devinrent même sanglantes à l'époque de la réaction thermidorienne. Au commencement de 1795, l'acteur Compain fut massacré en plein théâtre. Il avait paru un instant au spectacle du Lycée des Arts, à Paris.

La réaction n'épargna pas les femmes. Madame Louise Fusil, engagée pendant cette même année pour remplir les Dugazon, a raconté dans ses *Souvenirs* la scène dont elle faillit être victime :

« Je jouais *la Pauvre femme*, opéra royaliste de Marsollier. Au moment où je m'écrie : *La terreur ne reviendra jamais, j'en prends à témoin tous mes concitoyens!* on applaudit avec fureur & l'on cria *bis*. Je répétai avec un très-grand plaisir, & m'avançant sur la scène, je dis avec beaucoup d'énergie : *Non, la terreur ne reviendra jamais!* A peine avais-je terminé cette phrase, qu'on me lança une pièce de monnaie en cuivre, appelée *monneron*, & presque aussi grosse qu'un écu de cinq francs ; elle me tomba sur la poitrine & me fit perdre l'équilibre. Fort heureusement j'avais un fichu très-épais ; mais si je l'eusse reçue à la tête, j'étais tuée. On ne peut se faire une idée des vociférations & du tumulte que cela occasionna ; si l'on eût trouvé celui qui avait jeté ce *monneron*, il eût été écharpé. J'en éprouvai cependant beaucoup moins de mal qu'on ne pouvait le craindre ou qu'on l'avait espéré. On rejoua cette pièce le lendemain, & l'on peut penser combien je fus applaudie; mais lorsque je redisais les mêmes phrases, je jetais involontairement un coup d'œil fugitif vers l'endroit d'où était parti le projectile. « N'ayez pas peur! me criait-on; ils ne s'en aviseront pas! » En effet, tout se passa sans opposition. On rejoua plusieurs fois cette pièce, & chaque soir j'étais accompagnée par une foule de jeunes gens qui me suivaient jusque chez moi, dans la crainte qu'il ne m'arrivât malheur. M. Brochon, ami de Barbaroux & de M. Ravez, me reconduisit pendant longtemps. C'était un avocat d'autant plus estimé à Bordeaux qu'il avait été le défenseur officieux de plusieurs accusés dans un temps où cette noble mission n'était pas sans danger (1). »

En 1806 (au mois d'avril, si ma mémoire me sert bien), la célèbre Catalani vint donner deux concerts qui révolutionnèrent Bordeaux. Je n'ai pas besoin de rappeler ici la prodigieuse étendue de sa voix ; nulle mieux qu'elle n'a mérité le surnom de *première chanteuse du monde*. Madame Catalani était, en outre, une fort belle personne, taille avantageuse, figure sympathique ; &, ce qui est très-rare, surtout chez les cantatrices italiennes, sa mise était d'une grande simplicité.

A son deuxième concert, le public ne laissa pas achever *Maison à vendre*, qui commençait

---

(1) *Souvenirs d'une actrice*, par madame Louise Fusil. Paris, 1841.

la soirée. On demanda à grands cris madame Catalani ; car on ne disait pas encore *la* Catalani : l'admiration n'empêchait pas le respect.

Le comédien Mayeur, dont je parlerai plus tard, & qui assiſtait avec moi, dans un coin du parterre, à cette solennité, improvisa la boutade suivante, qui parut le lendemain dans quelques journaux :

> De cette virtuoſe admirable, étonnante,
> Tout l'auditoire eſt dans l'enchantement.
> Hé ! qu'a donc de si surprenant
> Sa belle voix que chacun vante ?
> Un rossignol en fait autant.

Madame Branchu succéda, quelques mois après, à madame Catalani, & obtint un succès à peu près égal.

Toutes les célébrités du chant tiennent à honneur de venir se faire entendre sur notre scène : aussi n'en eſt-il pas une qu'il ne nous ait été donné d'applaudir, depuis mademoiselle Falcon jusqu'à madame Tedesco, depuis Nourrit jusqu'à Duprez.

L'opéra-comique, cet annexe du grand-opéra, jouit d'une grande faveur à Bordeaux ; au nombre de ses meilleurs & de ses plus anciens interprètes, les noms de Moreau-Sainti & de Grignon arrivent tout d'abord sur mes lèvres. Eſt-ce ma faute, à moi, si mes plus vives sympathies sont pour le passé ? D'autres vieillards viendront, dans cinquante ans, qui vanteront à leur tour les jeunes talents d'aujourd'hui. Laissez-moi être de mon âge & me rappeler ceux qui furent jeunes en même temps que moi.

LA COMÉDIE ET LA TRAGÉDIE. — LECOUVREUR. — L'EMPLOI DES TURCS. — RICHAUD-MARTELLY, PERROUD. — ROMAINVILLE SUR LA TABLE DE DISSECTION. — L'HABIT DE DESFORGES. — LES MÉMOIRES DE LAFON. — LIGIER.

L'ancien répertoire semble avoir fourni sa carrière ; la tragédie est morte depuis Rachel ; la comédie agonise. Il fut une époque, cependant, où la scène bordelaise, fertile en sujets de premier ordre, rivalisait avec la Comédie-Française. C'était l'époque où elle se recrutait de Romainville, de Lecouvreur, de Richaud-Martelly, de Desforges & de Perroud.

Je n'ai pas eu le plaisir de voir Romainville ; de l'aveu de tous ses contemporains, c'était un valet précieux, un Crispin rempli de feu & de mordant.

Lecouvreur, le financier, était l'ami de Lekain, de Monvel & de Molé, avec lesquels il avait joué souvent en province, & qui le tenaient pour un comédien supérieur. Ses commencements avaient été très-difficiles, & il aimait à les raconter : clerc de procureur dans une petite ville du Poitou, il quitta brusquement le tabouret de son étude pour se présenter chez M. Bernos, directeur d'une troupe ambulante. Lecouvreur n'était pas beau ; il avait les genoux un peu cagneux.

— Monsieur, lui dit le fier Bernos, avec des jambes comme les vôtres on ne peut pas représenter des héros.

— Je débuterai en Turc, répondit doucement Lecouvreur, dans Orosmane, Bajazet, Mahomet...

— Mais, monsieur, croyez-vous donc que j'aurai toujours des Turcs à vous donner ?

Néanmoins, le candidat insista avec tant d'humilité, que M. Bernos consentit à le recevoir.

Si Lecouvreur n'avait pas de rival dans les financiers, Desforges (qu'il faut se garder de confondre avec Desforges, l'auteur de *la Femme jalouse*) était inimitable dans les paysans. Il jouait aussi dans l'opéra-comique, où il tenait l'emploi de Juliet, à qui je l'ai vu souvent préférer.

Richaud-Martelly avait conquis une très-belle réputation dans les premiers rôles de comédie, en dépit d'une tournure assez commune & d'un organe lourd ; mais il faisait habilement servir ses défauts dans *le Misanthrope* & dans *l'Habitant de la Guadeloupe*. C'était, en outre, un homme de littérature ; on lui doit principalement une pièce en cinq actes, les *Deux Figaro*, qui est imprimée.

Le premier comique était Perroud, qui, déjà à Paris, avait créé, en 1791, le rôle de Figaro dans la *Mère coupable*, au théâtre du Marais. Perroud avait commencé par le drame & la tragédie, & ce ne fut que très-difficilement qu'il se résolut à les abandonner ; je lui ai vu représenter, le même soir, Pyrrhus dans *Philoctète*, & Brillant dans le *Mariage du Capucin;* c'était en 1797 ou 1798. La comédie finit cependant par avoir le dessus, & ce fut tant mieux. Perroud joua à Bordeaux, de la façon la plus heureuse, *l'Auberge de Calais, la Revue de l'an VI, le Collatéral, ou la Diligence à Joigny*. Il avait une singulière aptitude pour l'emploi des gascons, qui représentèrent longtemps, comme on sait, une spécialité au théâtre. Plus tard l'Odéon nous l'enleva définitivement.

De tous ces intelligents comédiens, deux seulement ont leur portrait dans le foyer du Grand-Théâtre : Romainville & Desforges.

Celui de Romainville est placé au-dessus de la cheminée. C'est un grand tableau sur fond noir, avec un quatrain en lettres d'or, où Romainville est qualifié de *Roscius des Français*. Il est représenté en costume de Crispin, une jambe sur une table, l'autre posant à terre, la mine effarée. Cette posture est une énigm pour beaucoup de personnes. Il s'agit de *Crispin médecin*, comédie de Hauteroche. Crispin, surpris en rendez-vous chez le docteur Mirobolan, n'imagine rien de mieux que de se faire passer pour un pendu qu'on attend, & de se coucher tout du long sur une table de dissection. On conçoit les terreurs du malheureux Crispin, & l'on voit d'ici ses lazzis lorsque le docteur Mirobolan parle de l'ouvrir. C'est un ces lazzis que le peintre a cherché à reproduire.

Le portrait de Desforges occupe le fond du foyer ; c'est une toile fidèle & spirituelle. Une inscription rappelle le talent de l'acteur, en même temps que l'honnêteté de sa vie privée. L'habit de Desforges, le même qui a servi au peintre, est conservé comme une relique dans le magasin du théâtre.

Puisque nous en sommes sur le chapitre des portraits du foyer, mentionnons aussi ceux de Louis, de Blache père, maître de ballet, & de François Beck, chef d'orchestre. Cela fait cinq portraits en tout ; ce n'est pas assez, il faudra en ajouter d'autres ; &, pour ne pas sortir du grand répertoire qui nous occupe en ce moment, j'indiquerai tout de suite aux peintres bordelais deux de nos plus célèbres compatriotes, Lafon & Ligier.

J'ai été l'ami de Lafon, &, si je m'arrête un peu à vous en parler, vous m'excuserez, n'eſt-ce pas? L'*Achille gascon,* comme on l'appelait à Paris, aurait mon âge s'il vivait encore. Il fut un des soutiens du Théâtre-Français, vous vous en souvenez; & ses rivalités avec Talma ont amusé toute une génération, qu'elles ont divisée en deux camps. Lafon & ses partisans ne prononçaient jamais le nom de Talma; ils disaient: *l'autre.*

Retiré aux Chartrons, dans sa vieillesse, le *Tancrède* des beaux jours de l'Empire avait beaucoup perdu de sa majeſté; il était devenu très-obèse, & il ressemblait à un serrurier énorme. Mais ce qu'il n'avait pas perdu, c'était le port de tête, l'ampleur du geſte, & cette affabilité que tout homme intelligent gagne au contaçt habituel des chefs-d'œuvre & dans la fréquentation des personnages illuſtres.

Lafon a laissé des Mémoires, — quarante volumes environ! — dont je m'étonne de ne pas voir paraître une partie. Ils ne peuvent cependant qu'être infiniment curieux, car leur auteur a vécu dans une période splendide, & il s'eſt trouvé mêlé à des événements trop romanesques pour n'être pas de l'hiftoire.

Quant à Ligier, cette autre célébrité de la tragédie & du drame, espérons que lui aussi écrira ses Mémoires, & qu'il les publiera de son vivant. L'homme qui a créé le Chriftian de *Clotilde* & le Triboulet du *Roi s'amuse*, cet homme-là doit avoir de piquantes anecdotes à nous révéler sur la littérature moderne. En attendant, & depuis que Bordeaux, grâce aux chemins de fer, n'eft plus qu'un faubourg de Paris, Ligier vient passer les entr'actes de ses succès dans sa jolie maison de la rue Ségalier.

LA DANSE. — DAUBERVAL ET SA FEMME THÉODORE. — LEURS PORTRAITS DANS LES LANDES. — HUS JEUNE. — BLACHE PÈRE. — POTIER, DANSEUR COMIQUE.

Si la musique eft aimée à Bordeaux, on peut dire que la danse y eft idolâtrée. Le premier maître de ballet & le premier danseur dont le Grand-Théâtre se glorifie eft Dauberval; il fut engagé, avec sa femme Théodore, à vingt-huit mille livres par an, quelques années avant la Révolution, ce qui était un prix énorme pour l'époque. Dauberval était alors dans la force de l'âge & du talent. — Quelques mots sur ses antécédents vous intéresseront peut-être.

Dauberval avait eu pour maître ce bon Noverre, qui plaçait la danse au niveau de la philosophie, & qui écrivait de graves traités sur la portée sociale des entrechats. Noverre, lui ayant donné la théorie, le céda à Veſtris, qui lui donna la pratique. Après avoir composé, dès l'âge de quatorze ans, des ballets pour les théâtres de Lyon & de Turin, Dauberval, qui était alors svelte & beau, débuta à l'Opéra dans le genre sérieux. Il y obtint des succès réels & qui, dit-on, franchirent même la rampe, car à cette époque les plus grandes dames, même celles qui avaient tabouret chez la reine, ne dédaignaient pas de prendre des leçons de danse auprès des zéphyrs de l'Opéra.

Au milieu de ses triomphes de toute espèce, la fatalité voulut que Dauberval devint gros. Il maudit les dieux & l'Olympe, & il se résigna à l'emploi des comiques. L'amant de Flore se transforma en un Faune bruyant & aviné; le rire chassa le sourire. Ce jour-là, ce fut un grand scandale chez les duchesses & les maréchales *du côté cour;* en revanche, ce fut un grand bonheur pour l'art.

Garrick & Lekain le regardaient plutôt comme un comédien célèbre que comme un danseur. Il reſta vingt ans à Paris, & mérita d'être appelé *le Préville de la danse,* — un beau & ingénieux surnom!

Maintenant, qu'eſt-ce qui valut à la scène de Bordeaux l'inappréciable privilége de fixer Dauberval, depuis l'âge de quarante ans jusqu'à sa mort? Un ordre d'exil, simplement. Comme tous les grands artiſtes, Dauberval avait ses caprices: il refusa de danser devant la reine. Le lendemain, il lui fallut quitter Paris.

Rendons grâce à ce hasard, car Dauberval doit être regardé avec raison comme le père de cette école de danse bordelaise d'où se sont élancées presque toutes les réputations aériennes de ce siècle. C'eſt de Bordeaux qu'il a daté cette composition si gaie de *la Fille mal gardée,* rêve de Florian, toile de Greuze, traversée par un rayon de la malice de Beaumarchais. Madame Dauberval y était ravissante dans le rôle de Lise, bien qu'elle commençât à être âgée. On la citait également dans l'Isaure de *Raoul Barbe-Bleue,* mais à des titres bien différents, car, dans ce dernier ouvrage, c'était le plus vif attendrissement qu'elle savait exciter.

Les autres ballets de Dauberval sont : *Télémaque, le Page inconſtant* (1), *Amphion, ou*

(1.) *Le Page inconstant,* c'eſt *le Mariage de Figaro* mis en ballet à l'époque où le roi venait d'interdire la représentation de la pièce de Beaumarchais dans toutes les villes de province. Cette idée fut suggérée à Dauberval un jour qu'il dînait avec sa femme chez un des premiers négociants de l'*Élève des Muses*, *Psyché & l'Amour*, *Annette & Lubin*, & *le Déserteur*, où il remplissait le rôle de Montauciel.

L'explosion révolutionnaire permit à Dauberval de retourner à Paris, où il tint un salon renommé; mais il n'y resta que peu de temps; ses prédilections étaient définitivement acquises à Bordeaux. — Il y a quelques semaines, ayant résolu de faire le tour du bassin d'Arcachon, par terre, je m'arrêtai à Audenge pour me procurer une voiture. Audenge est un petit village à moitié englouti dans les sables. J'entrai chez le facteur de la poste, qui m'avait été indiqué comme étant le seul qui pût me fournir des moyens de transport pour Arès, où je voulais aller. Pendant qu'il attelait, mes yeux se portèrent sur deux médaillons gravés qui décoraient le mur; c'étaient les portraits de Dauberval & de sa femme, très-finement exécutés. Au-dessous du premier on lisait : « Jean Bercher Dauberval, né à Montpellier, le 19 août 1742. » Et cette inscription de Tibulle : « *Mille habet ornatus, mille decenter habet.* »

Au-dessous du second médaillon : « Théodore Dauberval, » & ces deux devises : « Ses talents

---

Bordeaux; *le Page inconstant* eut un succès d'enthousiasme; vingt ans plus tard il fut joué à Paris, où il produisit le même effet.

séduisent, son esprit entraîne. — L'amitié seule peut apprécier son cœur. » Du reste, ni âge, ni lieu de naissance, sans doute par galanterie. Cette tête de Théodore, coiffée à l'antique, était d'un beau caractère.

Les deux portraits avaient été dessinés par Le Fèvre & gravés par Legoux.

Surpris, comme on le pense bien, d'une telle rencontre au milieu des Landes, j'appris du facteur que *monsieur* Dauberval avait possédé des terrains entre Audenge & Lenton. Et quels terrains, miséricorde! Le cheval de voiture qui me les fit traverser s'y enfonçait jusqu'aux genoux. — C'était bien la peine, pensais-je, d'avoir été une des célébrités de l'Opéra & la coqueluche des grandes dames du dix-huitième siècle, pour venir sur la fin de ses jours s'enterrer mélancoliquement dans ces sables brûlants, pour voir s'écouler sa vieillesse dans un désert qui était vraiment le bout du monde; car, en ce temps-là, il fallait plus de deux jours pour se rendre de Bordeaux à Audenge!

Il est vrai de dire que Dauberval ne faisait pas de longs séjours dans ses bois de pins & dans ses champs de sable. Après avoir pris sa représentation de retraite, ennuyé de l'inaction, comme tous les vieux artistes, il se mit à voyager. Ce fut dans un de ses voyages, à Tours, qu'il mourut, âgé de soixante-trois ans, le 14 février 1805.

De l'école de Dauberval sont sortis Didelot, Auguſte Veſtris & mademoiselle Allard.

Hus jeune lui succéda sur notre scène dans l'emploi rendu si difficile de chef de ballets. Il avait de la grâce & quelques idées. On lui doit : *l'Apothéose de Flore, les Hamadryades, ou l'Amour vengé, les Jeux de Pâris au mont Ida,* & *Tout cède à l'Amour*. A cette époque commençait à se faire remarquer le danseur Albert, beau garçon, qui alla soutenir à l'Académie royale de musique la réputation de l'école de danse de Bordeaux.

De 1812 à 1817 environ, ce fut le règne de Blache père, règne glorieux & marqué par une multitude de ballets dignes d'entrer en comparaison avec ceux de Dauberval & de Gardel. Je ferais tressaillir le cœur de beaucoup de mes contemporains en leur rappelant : *la Chaſte Suzanne, la Noce villageoise, Almaviva & Rosine, l'Amour & la Folie, Aaroun-al-Raschid, ou le Calife généreux, les Filets de Vulcain, l'Amour au village, Glaucus & Scylla, Fulbert, ou le Petit Matelot,* & ces *Meuniers* qui durent encore, ces *Meuniers* qui dureront toujours.

Blache eut l'idée d'une innovation très-heureuse & qui devait réussir : il imagina de donner un rôle, dans son ballet d'*Almaviva & Rosine*, à Potier, qui jouait alors les comiques au Théâtre-Français ou théâtre des Variétés. Potier, dont le talent se pliait à tout, endossa la longue soutane de Basile & dansa même un pas avec la fringante Suzanne. Une autre fois, Blache père lui confia un personnage de bailli dans ses *Vendangeurs,* qui étaient le vaudeville de Piis & Barré, arrangé en pantomime.

Voilà mes meilleures soirées ! Ensuite vint Robillon, le facétieux ; puis, dans le genre gracieux, mademoiselle Angélique Martin, mademoiselle Bellon, madame Guy-Stéphan. Le ballet eſt toujours vivace chez nous ; & ma lorgnette, assidûment braquée sur l'horizon de la rampe, y voit chaque jour se lever de nouvelles conſtellations.

LE THÉATRE-FRANÇAIS. — LE THÉATRE-MOLIÈRE. — LE THÉATRE MAYEUR. — LE THÉATRE DE LA GAITÉ.

Le Théâtre-Français était autrefois administré par la direction du Grand-Théâtre. Dans le principe, on y chantait l'opéra-comique, & l'on y représentait des pantomimes, voire même des petits ballets.

Un seul nom domine mes souvenirs du

Théâtre-Français : Potier! Pendant deux ou trois ans il a rempli cette salle de sa joie, de son esprit, de son originalité, de sa science profonde. Tous les rôles de Brunet, il les a joués, & avec quel succès! Je n'ai qu'à fermer les yeux pour revoir *Pomadin,* M. Dasnières du *Sourd, le Béverley d'Angoulême, Nicaise peintre,* Janot & les Jocrisses. Ce grand corps sec, long, cette physionomie attentive, cet œil en éveil, ces geftes imprévus, cet accent saccadé, tout cela m'apparaît, revient, & me force encore à rire comme autrefois. Autrefois, c'eft-à-dire 1805 & 1808.

Du refte, le Théâtre-Français a toujours possédé une troupe fort bonne; ses pensionnaires ordinaires se sont successivement appelés Raucourt, Landrol, Achard, Lafont, M. & Madame Taigny; le théâtre des Variétés a eu leur jeunesse, leur première verve. Modefte, quoique perpétuellement florissant, il a plusieurs fois été le soutien du Grand-Théâtre.

Néanmoins, il lui a souvent fallu lutter contre des concurrences. L'ancienne Révolution avait amené la liberté des théâtres; on en ouvrit plusieurs; de ce nombre furent le Théâtre-Molière, rue du Mirail, & le Théâtre-Mayeur, sur les fossés des Carmes.

Le Théâtre-Molière s'était inftallé brutalement dans la chapelle Saint-Jacques, aujourd'hui rendue au culte. Ses propres ressources ne le soutinrent pas longtemps, & la direction du Grand-Théâtre finit par le prendre à son compte. Elle le fit exploiter par les acteurs de ses deux troupes ; on n'y jouait guère que deux fois par semaine, pendant l'hiver, & on mettait la clef sous la porte pendant l'été.

Le Théâtre-Mayeur s'appelait ainsi du nom de son directeur, François Mayeur de Saint-Paul, acteur & auteur, un des hommes les plus étranges avec lesquels je me sois trouvé en relation. Il avait commencé par jouer la comédie à Paris, à l'Ambigu, chez Nicolet, & aux Variétés-Amusantes avec Volange, Beaulieu, Dorvigny & Bordier. Le rôle de *Claude Bagnolet,* dans la pièce de ce nom, lui valut une réputation ; on le surnomma *le niais de bonne compagnie.* En ce temps-là, Maycur composait déjà de petits vers & des farces pour les basses scènes. Par malheur, son succès l'ayant enhardi, il donna dans la dépravation d'esprit ; un livre anonyme, qu'il publia sous le titre du *Chroniqueur désœuvré, ou l'Espion du boulevard du Temple,* excita des bourrasques parmi la gent dramatique. Mayeur, afin de dérouter les soupçons, ne s'était lui-même pas épargné dans cette peinture des mœurs des plus infimes baladins. L'année suivante, il ajouta un second volume au

Chroniqueur, & successivement il publia, avec une rage que n'excuse pas la jeunesse, une série de productions analogues. *Les Pantins du boulevard* passèrent en revue les théâtres des Délassements-Comiques, de Beaujolais, etc. Ses calomnies impures allèrent jusqu'à s'exercer sur la reine, & on lui attribue une comédie odieuse : *l'Autrichienne en goguette*. Le flot de ses diatribes monta tellement, que l'opinion publique s'en émut; tant que Mayeur n'avait vu que ses épaules menacées il avait tenu bon, mais lorsqu'il s'aperçut que sa vie courait des risques sérieux, il quitta Paris & s'expatria.

Après avoir passé plusieurs années dans nos colonies françaises, d'où il entendit la chûte bruyante de la monarchie, il se hasarda à remettre le pied sur le sol natal; mais il s'arrêta prudemment à Bordeaux. Du théâtre qu'il éleva sur les fossés des Carmes, on voit encore aujourd'hui le guichet où se distribuaient les cartes d'entrée (1). Ce théâtre dura peu de temps; &, tombé du faîte de sa direction, François Mayeur de Saint-Paul dut aller offrir ses services au Théâtre-Molière, & plus tard à celui de la Gaîté, — autre concurrence dont je vous entretiendrai tout à l'heure.

(1) Maintenant c'est un grand café, un Eldorado.

Au Théâtre-Molière, il fit jouer *les Terroriſtes, ou les Conspirations jacobites*, à-propos en un acte, mêlé de vaudevilles (première représentation le 5 vendémiaire an V).

Papelard, ou le Tartuffe révolutionnaire, par M. La Montaigne, eſt de la même année (1796), & du même théâtre. L'auteur joua le rôle principal dans son ouvrage : il parut avant le lever du rideau pour inviter les spectateurs à une double indulgence. Quelques jolis traits, quelques vers réussis (il s'agissait d'une comédie en plusieurs actes), ne sauvèrent point *Papelard*. L'acteur n'eut pas plus de succès que l'auteur ; son inexpérience de la scène était complète ; lui & sa pièce ne firent qu'une seule apparition.

Ce La Montaigne était connu depuis longtemps dans les rangs inférieurs de la littérature par des poésies fugitives, dont quelques-unes avaient été remarquées.

En ce temps-là, Bordeaux avait des journaux, des revues littéraires, son *Mercure de la Gironde* entre autres, rédigé par le citoyen Dumas-Denugon, & dont la collection, en quatre volumes in-octavo, eſt devenue d'une rareté excessive. Pour mieux dire, vous ne la trouverez guère que chez moi, sur ces rayons que vous voyez. Dans ce *Mercure*, il se faisait une critique dont votre *Mercure* de Paris ne peut pas vous donner l'idée. Je me souviens qu'après une représentation au Théâtre-Molière de *la Papesse Jeanne*, quelques amateurs adressèrent à cette revue des réflexions qui se terminaient de la sorte :

« Que madame Dorfeuille (la directrice du Théâtre-Molière) abandonne enfin ce genre de pièces tout au plus soutenable aux théâtres de foire, ou qu'elle ne se décore plus du nom respectable qu'elle profane. »

Cette lettre était signée des initiales : M., P., V., O., B., *amateurs.*

Lisez vous-même la réponse que se crut en droit de publier, dans le numéro suivant, le régisseur du théâtre. Je ne crois pas que, dans votre carrière de journaliste, vous ayez jamais rencontré quelque chose de plus énorme comme outrecuidance & comme ineptie.

« Au rédacteur du *Mercure de la Gironde.*

« Le messager des dieux, le complaisant Mercure, nous remet à l'instant votre plate diatribe. Fatigué, il demande ce que contient le paquet qu'il vient d'apporter : les réflexions de MM. M., P., V., O., B., amateurs. Ah ! Jupiter, qu'elles sont lourdes ! Je ne bats plus que d'une aile.

« C'eſt sans doute à la suite d'un feſtin que vous sont venues les utiles réflexions que vous soumettez au public. Vous voudriez, dites-vous, pouvoir donner des éloges à madame Dorfeuille, directrice du théâtre de la rue du Mirail, dit Molière. Quelle soif vous dévore? Avortons du parterre, embryons barbouillés de mûres & de lie, apprenez que madame Dorfeuille n'a jamais enivré de flatteurs.

« M...auvaise P...lume, V...énale, O...rdurier, B...aragouin! Vous osez vous parer du titre d'amateurs! vous osez imprimer de pareilles sottises! Que de choses profitables pour vous nous aurions encore à vous dire! Mais nous finissons en vous conseillant de ne plus employer le ſtyle parasite si vous voulez accréditer vos réflexions.

« Au nom de la citoyenne Dorfeuille & des artiſtes du théâtre dit de Molière,

« LIÉBERT, *artiste & régisseur.* »

Le singulier morceau! convenez-en.

Mais arrivons au théâtre de la Gaîté, — concurrence plus récente.

Je crois voir encore sur les allées de Tourny, auprès de l'ancien café Moreau, le charmant petit théâtre de la Gaîté. Jolie salle, grand foyer, agréable jardin. Un ancien directeur de marionnettes, J.-B. Cortay, dit Bojolais, homme habile & entreprenant, l'avait fondé vers le commencement du siècle. On n'y jouait que le vaudeville, & la foule y affluait. Mais aussi quelle troupe intelligente, active! C'eſt là qu'ont commencé & se sont formés la plupart des comédiens qui devaient s'illuſtrer à Paris. Lepeintre aîné & Ferville étaient, la première année, les deux colonnettes de ce théâtre en miniature. Lepeintre aîné jouait les traveſtissements, les caricatures & les arlequins, genre aujourd'hui complétement disparu & dans lequel il excellait.

Ferville, qui a fourni une si brillante carrière au Gymnase-Dramatique, Ferville tenait au théâtre de la Gaîté l'emploi des amoureux, des petits-maîtres & aussi les *rôles de galerie*. Les rôles de galerie étaient les personnages hiſtoriques. Il avait une tournure avenante, un débit mesuré, & était, en outre, bon musicien. Ce fut lui qui créa à Bordeaux le rôle de Sainte-Luce dans *Fanchon la vielleuse*.

A ces deux artiſtes déjà très-aimés vinrent se joindre l'année suivante Lepeintre jeune, qui n'avait pas encore cette encolure énorme dont son talent se trouva un jour subitement doublé; & enfin François Mayeur. Ce fut là que l'auteur du *Chroniqueur désœuvré,* après quelques excursions de courte durée à Paris (1) & dans les départements, revint continuer sa carrière dra-

---

(1) Mayeur a tenu, pendant quelque temps, boutique de librairie dans la cour Mandar.

matique. Il était plus rassis, plus moral; on recherchait son entretien. Mais sa fécondité littéraire était toujours la même : pendant les années qu'il resta attaché aux théâtres de Bordeaux, on ne saurait dire le nombre de pièces de tout genre qu'il composa & qu'il fit représenter : vaudevilles d'actualités, prologues d'ouverture, à-propos sur nos victoires, etc.

Tels étaient les acteurs de notre petite salle de la Gaîté.

Ils réussirent tellement, ils attirèrent tant de monde, &, d'un autre côté, les faillites se succédèrent au Grand-Théâtre avec une si désolante monotonie, que l'administration municipale mit en demeure l'heureux directeur de la Gaîté, Cortay-Bojolais, de fermer sa salle immédiatement, ou de prendre la direction des quatre théâtres de Bordeaux. Ce fut ce dernier parti que choisit Bojolais, & sa gestion compta des périodes brillantes.

En 1819, le théâtre de la Gaîté périt de la mort ordinaire aux salles de spectacle : l'incendie. Sur son emplacement s'élève aujourd'hui la maison du café Kern.

ANECDOTES CONTEMPORAINES. — LES CÉLÉBRITÉS PARISIENNES A BORDEAUX. — FRÉDÉRICK-LEMAITRE. — MADEMOISELLE GEORGES. HÉLÉNA GAUSSIN.

A force de regarder en arrière, il me revient quelques anecdotes qui vous délasseront peut-être de mes dates.

Bordeaux juge parfois très-singulièrement (j'allais dire injuſtement) les artiſtes parisiens qui viennent lui rendre visite : Frédérick-Lemaître ne l'a pas remué; Arnal n'a été compris qu'à son second voyage. Souvent même Bordeaux ne se contente pas d'affecter une dédaigneuse indifférence pour les comédiens d'élite; Bordeaux siffle, Bordeaux *chute,* Bordeaux eſt sans pitié. Il y a vingt ans, j'ai vu au Grand-Théâtre mademoiselle Georges pleurer de rage, après une représentation de *la Tour de Nesle,* où son passé, la puissance de son geſte, le preſtige de son nom, avaient été insuffisants à la préserver d'un outrage d'autant plus sanglant pour elle qu'il n'y avait pas cinq cents personnes dans la salle. Douze heures après, l'altière Marguerite de Bourgogne avait quitté Bordeaux.

L'aventure de mademoiselle Georges me remet en mémoire une incartade de ce pauvre Lhérie,

auteur-acteur, mort dans une maison de santé. Lhérie *chargeait* beaucoup, soit qu'il représentât *Roquelaure,* soit qu'il jouât *Talma ou la Révolution des coftumes.* Une fois le public bordelais, plus hérissé que d'ordinaire, s'impatienta de ces excursions trop fréquentes hors du domaine de la vérité; il rappela l'artifte à son devoir. Lhérie, profondément blessé, s'avança au bord de la rampe & proféra ces paroles :
« Messieurs, je ne reparaîtrai jamais sur les théâtres de Bordeaux. »

Les gazettes étrangères m'ont appris le décès de mademoiselle Héléna Gaussin, la petite-fille de cette illuftre & touchante Gaussin à qui Voltaire adressait cet éloge :

L'art n'eft pas fait pour toi, tu n'en as pas besoin.

Mademoiselle Héléna Gaussin, à qui les indiscrétions de la *Gazette des Tribunaux* avaient fait, dans les derniers temps, une réputation désagréable, donna quelques représentations sur notre Grand-Théâtre. Elle joua principalement la *Marie Tudor,* de Victor Hugo; & la fidélité de mon souvenir, qui n'eft tenu à aucune galanterie pofthume, m'oblige à déclarer qu'elle n'y obtint aucun succès. C'était une personne très-belle, grande, aux membres bien en place;

mais ses mouvements étaient brusques, sa diction manquait de point d'appui. Elle venait de créer à Paris le rôle de la princesse Brancador, dans *les Ressources de Quinola,* de M. de Balzac. Princesse de fantaisie, à la bonne heure ; mais elle ne pouvait évidemment porter le poids des couronnes hiftoriques. Aussi, malgré l'éblouissant albâtre de ses épaules, malgré l'inconteftable race de ses pieds & de ses mains, notre parterre traita de façon assez discourtoise la petite-fille de Gaussin. Les journaux firent comme le parterre. J'étais au *Courrier de la Gironde,* par hasard, lorsque cette bizarre comédienne s'y présenta pour réclamer contre les termes d'un feuilleton. Elle était pourpre de courroux ; elle refusa de s'asseoir ; &, bien que j'eusse décliné mon titre d'étranger à la rédaction, elle me raconta ses griefs, en marchant à grands pas à travers la chambre. Elle était vêtue de velours du haut en bas, & le vent de sa robe faisait voler les journaux éparpillés sur une table. Elle tira de sa poche des lettres de Hugo, de Balzac, où l'éloge empruntait mille formes ravissantes ; &, après m'avoir fait lire ces certificats, elle sortit, fière & convaincue, sans me jeter un seul regard.

Il eft certain que, dans ce court intermède, j'avais trouvé mademoiselle Héléna Gaussin bien supérieure à elle-même. Par malheur, le public n'était pas en tiers entre nous deux.

AUTEURS BORDELAIS. — DE PIIS. — DE PUYSÉGUR. — DE MARTIGNAC. — DUPATY. — SEWRIN. — ROMAIN DUPÉRIER DE LARSAN.

Si peu importantes que soient les notes que je vous livre, elles ne seraient pas complètes cependant, si je ne vous parlais de ceux de mes compatriotes qui ont écrit pour la scène.

Au nombre de ceux-ci, M. de Piis s'eſt fait un nom charmant par ses paſtorales dramatiques, dont quelques-unes furent jouées à Versailles, sur le théâtre de la cour, vers la fin du dernier siècle. Je crois me rappeler que l'une de ses pièces, *le Saint déniché,* avait été représentée à Bordeaux, avant de l'être à Paris en décembre 1792.

Chaſténet de Puységur a fait quelques opéras-comiques sous la Révolution.

J'ai connu M. de Martignac, alors qu'il n'était qu'un modeſte avocat, vaudevillisant à ses heures perdues. C'était un homme agréable, vif, causant bien. Un brillant mariage avec une de ses clientes devint le commencement de sa fortune politique & la fin de sa carrière littéraire.

M. Dupaty, l'auteur de la *Leçon de bota-*

nique, affectait des dehors plus solennels & se prenait plus au sérieux. Il est vrai que M. de Martignac n'était que ministre, & que M. Dupaty était académicien.

Je ne parle ici, bien entendu, que des écrivains bordelais qui se sont occupés de littérature théâtrale, plus ou moins exclusivement; car, des autres, le nombre est trop considérable pour qu'il puisse en être fait mention dans ce court récit.

Un des plus féconds, sans contredit, est M. Sewrin, qui, s'étant souvenu à propos de nos localités, fit courir tout Paris à son vaudeville des *Habitants des Landes.*

Laissez-moi maintenant évoquer la figure d'un Bordelais, jadis aussi connu par sa personne que par ses œuvres, & dont le nom ne peut manquer de réveiller le sourire chez ceux de ses contemporains qui existent encore. J'ai désigné Romain Dupérier de Larsan.

A mesure qu'on avance dans le midi de la France, les types burlesques & vantards se multiplient.

Romain Dupérier de Larsan naquit & mourut poëte, mais poëte à la façon du perruquier maître André, auteur du *Tremblement de terre de Lisbonne.* Il était chevalier & s'en vantait avant la Terreur, quoiqu'il fût chevalier à peu près comme il était poëte, c'eſt-à-dire pour l'amour de Dieu, car il n'avait ni rentes, ni patrimoine. Du reſte, Bordelais pur-sang, gai, vaniteux, ayant de l'esprit dès qu'il quittait la plume pour la parole, bruyant, original, une manière de Santeuil défroqué. Il voyait un signe infaillible de sa vocation dans son nom, qui formait un alexandrin :

Le chevalier Romain Dupérier de Larsan.

Il se révéla principalement avant la Révolution : il fonda un journal intitulé *la Feuille littéraire;* il publia un *Sermon universel* en proverbes rimés; il compte aussi plusieurs pièces de théâtre, paroles & musique, car Romain Dupérier avait la prétention d'être musicien, & même un peu peintre. Lié avec M. Mélo, qui attacha son nom à l'invention du méloplaſte, il manifeſta plus tard son affeƈtion pour ce virtuose en imprimant l'épitaphe suivante :

Ci-gît monsieur Mélo, qui sans morgue & sans faſte,
Nous apprit la musique avec son méloplaſte.

En ce temps-là, on ne se moquait encore pas trop de Romain Dupérier; on le laissait faire. Il était jeune, sa tête pouvait s'organiser; sa volonté ou quelque hasard heureux l'enverrait quelque jour à Paris; d'ailleurs, qui eſt-ce qui n'a pas commencé par être ridicule? Voilà ce qu'on se disait alors; mais bientôt notre poëte atteignit vingt-cinq ans, puis trente ans, puis trente-cinq ans, & il reſta Romain comme devant. Le *Métromane de la Gironde,* comédie-folie en trois actes & en vers, ne le sortit guère de sa médiocrité.

Comment un homme aussi inoffensif que lui attira-t-il les yeux des tribuns populaires? C'eſt ce qui ne peut s'expliquer que par son origine ariſtocratique. Toutefois eſt-il que la Terreur l'emprisonna au fort du Hâ, puis quelque temps après au séminaire Saint-Raphaël, dit Petit-Séminaire. Il y avait alors plus de mille Bordelais sous les verroux. Au Petit-Séminaire, Romain Dupérier se trouva avec les acteurs des deux théâtres; on eut la visite du général Brown & du représentant du peuple Ysabeau. Les femmes occupaient le premier étage, les hommes le second; mais on se rencontrait souvent, on soupait, on s'appelait citoyen & citoyenne. — Le camarade de chambre de Dupérier était un Braschi, neveu du pape, homme éminent & singulier, voyageur, cabaliſte, médecin, légiſte, polygraphe.

En prison, notre poëte se fit aisément des auditeurs de tous les prisonniers ; il improvisa des parties littéraires, des bouts-rimés, des charades, des concours pour chaque décadi. Que vouliez-vous qu'on fît contre lui ? Il n'y avait pas moyen de guillotiner un homme pareil.

On le relâcha donc. Une fois hors du Séminaire, son premier devoir, disons-le à sa louange, fut d'aller solliciter auprès d'Ysabeau la liberté de sa mère, détenue à Beysac, dans le bas Médoc. Ysabeau était alors à Lesparre. Dupérier y vole, il insiste pour être introduit. Le représentant du peuple dînait : Dupérier est reçu à table ; il récite des vers en l'honneur de nos armées conquérantes, il s'exalte, il amuse, il obtient ce qu'il demande.

Lorsque le 9 thermidor eut rendu les Bordelais à leurs foyers, le chevalier Romain Dupérier de Larsan consacra ses loisirs à l'élaboration d'un poëme héroï-comique, en douze chants & en vers alexandrins : *les Verroux révolutionnaires*, destiné à raconter à la race future les divers épisodes de sa captivité. Les exemplaires de cet ouvrage sont aujourd'hui fort rares. « Les puristes ou les grammairiens, dit-il dans sa préface, me blâmeront peut-être d'avoir bouleversé quelquefois les temps ; mais le temps où nous avons écrit était bien plus bouleversé... »

Les Verroux révolutionnaires (prix : 4 liv.

10 s. broché, avec portrait) se vendaient chez l'auteur, dont le domicile était situé rue du Loup, ainsi que l'apprenaient ces deux vers du prologue :

Il demeure à Bordeaux ; ne cherchez pas beaucoup ;
Aux deux coins de sa rue on lit ces mots : *du Loup.*

Ouvrez ce volume & lisez l'argument du premier chant; il vous donnera une idée des procédés lyriques de Romain Dupérier :

« Invocation. Entrée nocturne de Jean Paré, officier municipal, chez Romain ; il entre aviné, sans mandat d'arrêt, avec deux fusiliers bruyants. Sursis donné pour cause de maladie; moyens de défense écrits dans l'intervalle; la véritable généalogie de Romain, dictée par lui à la bonne vieille qui le gardait; son rêve, sa prophétie & son teſtament. Prompt retour du magiſtrat avec une nombreuse escorte; conduite de Romain à la Commune; son plaidoyer rimé & sa juſtification auprès du gros Bertrand, maire. Nouvel accompagnement dudit Romain chez lui; apposition des scellés; scène touchante du chien de Romain, qui veut le suivre malgré l'opposition de la force armée; rumeur du quartier. »

Les seuls vers supportables de ce long fatras sont ceux par lesquels il décrit l'arrivée au séminaire Saint-Raphaël des comédiens du Grand-Théâtre & des Variétés. Lisez :

> Un jour de cet automne, en frimaire, je crois,
> J'entendis un grand bruit & de fort belles voix.
> Laissons notre repas. Oh ! la plaisante affaire !
> Le Grand-Théâtre est mis au Petit-Séminaire !
> Sans crime le public rit du malheur d'autrui ;
> Nous aurons sans payer comédie aujourd'hui.
> La scène, comme on voit, sera bien variée :
> On a soixante acteurs d'une seule marée.
> . . . .
> Mainte actrice recluse a montré de la tête ;
> L'une réclame encor ruban & collerette ;
> L'autre veut ses chapeaux en casque de dragon,
> Ses perles, ses bouquets & son pouf de linon.
> Aimable précieuse, & toujours ridicule,
> Ignorez-vous qu'ici l'on n'a qu'une cellule ?
> . . . .
> On montre les Trial avec les Laruette,
> Et ce qu'on peut avoir de meilleur en soubrette.
> On cite, confondus, les acteurs principaux :
> Rôles à tablier & rôles à manteaux ;
> Plus, les pères grondeurs, valets à double mine,
> Et, tout près d'Arlequin, Pierrot & Colombine ;
> Ici, Georges Dandin, le sémillant Damis ;
> Erafte & Francaleu se retrouvent amis ;
> Don Bazile a la fièvre. . . . .
> . . . .
> Lors, des Variétés on voit entrer la troupe ;
> L'acteur a son bonnet, des sabots, une roupe (1).
> J'aperçois là *Pointu*, là *Gilles ravisseur* ;
> Plus loin *Politicos*, & *Janot* dégraisseur.
> Auprès est la poissarde & dame *Mistanflute*
> Qui veut à *Dodinet* préparer une lutte.
> On voit *Guillot-Gorju*, *Casse-Pierre*, *Fanchon*,
> *Cassandre*, *l'Échaudé*, puis *Christophe le Rond*.

(1) *Roupe*, grande lévite ou plutôt douillette.

Chevalet, Pétronille, ainsi que mons *Dasnière,*
Ont fourni dans ces lieux une illustre carrière.
Le bonhomme *Ricco* projette un grand duel
Avec monsieur *de Crac* dans son petit castel.
Etc., etc.

Lorsque Romain abandonne le badinage pour les tableaux sombres, il est moins inspiré. L'ombre du sinistre Lacombe semble encore le poursuivre, lorsqu'il essaye de tracer son portrait dans ces mauvais vers :

Ne croyez pas qu'ici longtemps on vous retienne;
D'une heureuse prison vous possédez l'étrenne.
Pour vous je ne vois pas un présage effrayant :
Six juges sont nommés avec un président.
Lacombe en est le chef; cet homme a du mérite :
Il vous donne la vie ou bien la mort subite.
C'est un fier patriote! On ne fait pas long feu;
De la vie au trépas il n'est pas de milieu.

Et plus loin :

Le président compose & traite à la sourdine;
Jouons du portefeuille, ou bien : la guillotine.
Celui-là de son bien a déjà pris le deuil,
Il croit que la prison deviendra son cercueil.
Un autre est imposé pour une forte amende;
Sa femme, chez Lacombe, ou propose, ou marchande.
Ce scélérat, du sexe exigeait un tribut!...
L'époux ne peut encore y trouver son salut;
Et grâce au tribunal révolutionnaire,
Tremblez, tremblez, richards; vous, prêtre réfractaire!
Lacombe va parler, & d'un air courroucé,
Dira : Le tribunal sur ton compte est fixé!

Je ne vous arrêterai pas davantage sur ces images de deuil. Après avoir terminé *les Verroux révolutionnaires*, le chevalier Romain Dupérier récapitula avec soin les figures de rhétorique qu'il y avait employées, & il en dressa le tableau scrupuleux que vous voyez :

>   Descriptions. 28
>   Comparaisons. . . . . . . : 122
>   Leçons de morale. 180
>   Vers marquants. 216
>   Jeux de mots 17
>   Mots nouveaux. 19
>   Péroraison   1

J'ignore quel a été le succès de ce poëme; il faut croire toutefois qu'il fut de nature à encourager l'auteur, car jusqu'à la fin de ses jours il rima & fit imprimer ses rimes, à l'aide de souscriptions qu'il allait solliciter & recueillir lui-même. Ses recueils sont nombreux & embrassent tous les genres de poésie, depuis le dithyrambe jusqu'à l'acroſtiche. Mais toujours prolixe, même dans les pièces les plus courtes, c'eſt surtout à lui qu'aurait pu s'appliquer ce mot plaisant : — Comment trouvez-vous mon diſtique? — Heu! heu! il y a quelques longueurs.

On s'eſt beaucoup entretenu, & avec force éclats de rire, d'une *Iphigénie en Périgord*, qu'il fit jouer & qui n'eut qu'une représentation.

Pauvre homme !

Je ne sais qui m'a dit que la vieillesse du chevalier Romain Dupérier de Larsan avait été adoucie par un héritage inespéré.

En nous rapprochant de nos jours, je trouve M. Honoré, connu par son *Bonardin dans la lune;* M. Ch. Hubert, qui a collaboré avec Théaulon. J'en trouverais bien d'autres encore, mais ceux-là vous les trouverez mieux que moi, car ils ont votre âge, & je ne me suis engagé qu'à vous entretenir des hommes & des choses du temps lointain.

Ainsi parla M. G***, le doyen des habitués des théâtres de Bordeaux.

TOULOUSE

I

LA RUE GOURMANDE.

Voici le menu d'un dîner que je viens de faire à Toulouse, — place du Capitole, naturellement, — chez l'excellent reſtaurateur Tivollier :

Le consommé aux tomates ;
La truite des Pyrénées ;
Le foie de canard sauce madère ;
Le gigot d'isard ;
La salade ;
Les pêches de Cazères.
Vins : Limoux rouge, corton, champagne.

Ce dîner, j'ai eu le plaisir de le partager avec mon ami Durand. A ce propos, il faut que vous

vous accoutumiez, lecteurs, à me voir un ami par département, au moins.

Durand, que je tiens à vous présenter, eſt le Mas'Aniel de Toulouse, — politique à part. Cela veut dire, en ſtyle relevé, qu'il vend du poisson à la halle. Les plus beaux saumons lui passent par les mains, ainsi que les plus belles huîtres de Marennes. On prétend qu'il a, sous sa blouse pittoresque, une éloquence entraînante, celle d'un Mirabeau de la marée. Je n'y suis point allé voir, — son commerce s'exerçant à quatre heures du matin, — mais je le crois sans peine. Durand *tomberait* quatre Marseillais au jeu de la physionomie, des geſtes & de l'accent. Quelle bouche épanouie! quel regard joyeux & cordial! Il semble qu'on gagne de la santé & de la joie rien qu'en serrant sa main! Si vous voulez un type de province bien original, fièrement accusé, prenez Durand.

Sa verve ne s'exerce pas seulement au marché; il eſt encore un des grands agitateurs du théâtre. Il y fait la pluie & le beau temps, à la façon des dieux turbulents de la fable. Heureux le ténor, fortunée la cantatrice que Durand a prise ou pris sous sa protection! Il rit dans son ventre des petites cabales des cercles & des proteſtations isolées des loges. S'agit-il d'enlever un troisième début, Durand arrive avec le faubourg Saint-Cyprien tout entier!

Et, dans la vie privée, quel superbe coup de fourchette ! Je me sens tout petit à côté de Durand.

Expliquerai-je maintenant comment je suis demeuré quatre jours à Toulouse ? Non; car j'ai des torts à me reprocher envers cette cité poétique. Je n'ai visité ni son Capitole, ni aucun de ses monuments recommandés par la maison lyrique Hachette & Cie. — Barbare que je suis ! Mauvais voyageur !

Je soutiens pourtant que je n'ai pas perdu mon temps à Toulouse.

Exemple : En passant dans la rue Gourmande (il exiſte une rue Gourmande à Toulouse, & il n'en exiſte pas à Paris, ô injuſtice !), je m'arrête devant la boutique d'un bouquiniſte. J'entre, je furette. Et, au bout de cinq minutes, qu'eſt-ce que je découvre sous un lot de vieilles grammaires latines ?... une perle, un bijou, une rareté entre les raretés, — l'*Imitation*, de l'édition Cazin, avec la figure de Marillier, c'eſt-à-dire un petit livre pour lequel les amateurs donnent habituellement carte blanche aux libraires-commissionnaires.

II

LE CAFÉ DU COURS.

A l'une des extrémités de la ville, auprès de la gare du chemin de fer, il y a un Cours brûlé par le soleil, semé de poussière, planté d'arbres enfants. Sur ce Cours, un petit café s'annonce par une tente, un café modeste & solitaire.

A l'extérieur, deux tables vertes sont placées. L'intérieur est une sorte de corridor, tapissé d'un papier rouge velouté, avec des divans de chaque côté. Au fond, un comptoir; &, derrière ce comptoir, un vieux rideau en damas, qui laisse soupçonner une cuisine.

Le *café du Cours* est souvent désert, surtout à l'heure de la chaleur, à midi. Un garçon dort, la tête couchée sur une table. *Le Siècle* de la veille traîne, à moitié déchiré. Simplement vêtue d'une robe noire, une jeune fille se montre quelquefois sur le seuil; ses regards interrogent le Sahara de la promenade.

Elle est élancée & brune; elle a vingt ans. La douceur est l'expression dominante de sa physionomie. Ses cheveux, abondants & fort beaux, sont très-soignés; en cela seulement se trahit sa coquetterie. Elle tient, avec sa mère, le *café du Cours*. Il y a trois ans que cette dernière, reſtée veuve à Leƈtoure, eſt venue à Toulouse, & y a acheté ce petit fonds, qui les fait vivre à peine.

Malgré la chaleur, le hasard leur adresse parfois des consommateurs au milieu du jour. Tantôt, ce sont deux ouvriers qui demandent un jeu de piquet, & qui s'inſtallent dans un coin. Tantôt, c'eſt un voyageur, — de la famille de Sterne, — qui a soif, & qui cause volontiers.

La jeune fille eſt empressée & avenante.

— Monsieur n'eſt pas de Toulouse, apparemment? dit-elle, après avoir apporté la bière sur un plateau.

— Non, mademoiselle, à mon regret.

— Eh bien! il faut y passer quelques jours.

— Si vous l'exigez… hasarde le voyageur en souriant.

Elle continue sans affeƈtation :

— Vous verrez nos églises qui sont magnifiques, à tout ce que le monde assure… & l'ancien palais de juſtice qui vient d'être réparé.

Vers quatre heures, les habitués commencent un peu à arriver. On prend l'absinthe, le vermouth. La jeune fille a un sourire calme pour chacun. Elle hâte le garçon. — De temps en temps, balançant à la main un petit arrosoir en fer-blanc en forme de cornet, elle trace avec l'eau de gentils dessins sur le parquet.

Parmi ces habitués, il y a presque toujours un amoureux. C'eſt ordinairement un jeune homme silencieux, qui ne fraye avec personne, & qui s'asseoit à une place isolée. Il fait durer sa consommation le plus possible; il recommence la lecture du journal, il demande du papier & de l'encre. Farouche, comme tous les amoureux sincères, il lance des regards irrités aux gens plus hardis que lui qui parlent à la jeune fille.

On ne voit jamais la mère, on la devine tout au plus dans l'arrière-boutique. Elle a compris qu'une vieille femme ne doit pas figurer dans un café.

Le soir ajoute encore à la physionomie mélancolique du *café du Cours*. Un quinquet unique rayonne dans une atmosphère de fumée de tabac. Des ombres jouent aux dominos.

La jeune fille continue à s'empresser de table en table.

Telle eſt sa vie. Ainsi s'écoulent ses belles années, *son printemps*, comme disent les poëtes, Et sa douceur ne se dément jamais, & son humeur reſte toujours égale.

Il arrive quelquefois qu'un individu, buvant

ou jouant, se retourne & lui adresse quelques paroles de lourde galanterie.

Elle se retire dans l'arrière-boutique & ne reparaît plus.

III

MÉDITATIONS DANS UNE CHAMBRE D'HOTEL.

C'eft vrai, Durand se porte mieux que moi. Je m'en suis aperçu ce soir, pendant le souper. Son teint eft plus riche en couleur; ses muscles percent sous son embonpoint. Oh ! je l'ai bien étudié. Il *revient* à chaque plat, dès qu'on insifte tant soit peu. Lui offre-t-on à boire, il fait la moitié du chemin avec son verre. Durand eft fort.

Durand eft fort, voilà qui eft inconteftable. — Moi, je suis dans les demi-teintes. Je sais ce que je mange & ce que je bois, je le sais trop peut-être. J'ai ma valeur, parbleu ! Mais enfin, ce n'eft pas cette puissance indifférente de Durand ; ce calme de l'Hercule Farnèse. Je suis jaloux de Durand.

Je suis jaloux de Durand ; pourquoi m'en défendrais-je ? Et puis, j'ai déjà reçu plusieurs avertissements de la Providence, — sans compter les *communiqués*, — tels que bronchite, névralgies, affection des paupières. Durand semble n'avoir jamais rien eu de tout cela. Il se meut dans la bonne chère aussi librement que le poisson dans l'eau. Prodigieux Durand !

Prodigieux Durand ! A l'heure qu'il est, il dort sur les deux ouïes, — tandis que moi, s'il faut l'avouer, je ressens comme des inquiétudes, j'éprouve comme un malaise, léger sans doute, mais mêlé à des pressentiments moroses. Et, pour m'entretenir dans cet ordre de pensées, j'ai juftement sous les yeux un volume de Millevoye, trouvé sur ma cheminée, & oublié probablement par le voyageur qui m'a précédé dans cette chambre.

Ce Millevoye n'est pas rassurant du tout. Je viens de relire son chef-d'œuvre trop vanté, *la Chute des feuilles*. Heureusement, cela n'a aucun rapport avec la saison où nous sommes, non plus qu'avec ma situation !

> De la dépouille de nos bois
> L'automne avait jonché la terre,
> Et sur la branche solitaire
> Le rossignol était sans voix.

L'auteur a mis plus tard une variante à ces

deux derniers vers. Il a eu raison. Cette *branche solitaire* faisait supposer des arbres ne possédant qu'une seule branche. Voici le changement qu'il a imaginé :

> Le bocage était sans myſtère,
> Le rossignol était sans voix.

A la bonne heure ! Il y a de la grâce, de la cadence. J'aime ce mot suranné de *bocage*. — Sachons gré aussi à Millevoye d'avoir dit tout simplement : le rossignol, lorsqu'il aurait pu, selon le goût du jour, dire : *Philomèle*.

> Trifte & mourant, à son aurore,
> Un jeune malade, à pas lents,
> Parcourait une fois encore
> Le bois cher à ses premiers ans.
> Bois que j'aime...

Trop de *bois !* — Mais pourquoi ce volume s'eſt-il trouvé sous ma main ? Le hasard a des ironies qui font frissonner. — Et si ce n'était pas un voyageur qui l'eût oublié ! S'il avait été placé là à dessein.....

> Bois que j'aime, adieu ! Je succombe ;
> Votre deuil me prédit mon sort ;
> Et dans chaque feuille qui tombe...

Si j'étais superſtitieux pourtant ! — Mais, au

fait, je me souviens à présent : c'eſt l'Académie des Jeux Floraux qui, la première, a consacré *la Chute des feuilles*, & récompensé d'un laurier d'or cette débauche de phthisie. Il n'y a donc rien de surprenant à ce que les œuvres de Millevoye se rencontrent à Toulouse; ce volume doit appartenir à l'hôtel. — Funeſte exemple ! Rimes grelottantes, *Epidaure* & *encore*... Je quitterai Toulouse demain matin.

Charles Millevoye ! Mes initiales !

STRASBOURG

―――

Une des villes que j'aime le mieux eft Strasbourg. Resserrée & même à l'étroit dans ses fortifications, elle a le mouvement, le bruit, la vie. Je ne sais que Rouen qui puisse lui être comparée pour certains vieux quartiers demi-croulants & bâtis sur eau. Cette année encore j'ai voulu voir Strasbourg, mais cette excursion ne me sera guère comptée au point de vue archéologique ; je n'en ai rapporté qu'un traité comparatif des diverses bières du Bas-Rhin. Tombé, dès le premier soir de mon arrivée, aux mains du plus courtois mais du plus intrépide déguftateur du pays, j'ai dû le suivre dans ses explorations & l'imiter dans ses expertises.

L'ombre s'était à peine répandue sur les toits à lucarnes de la vieille ville, que nous nous dirigions vers la brasserie du *Dauphin*, sans préméditation de choix, & uniquement parce qu'elle se trouvait la première sur notre chemin. Nous n'y séjournâmes pas longtemps : la bière y était *molle*. On nous vit successivement à la brasserie du *Pêcheur*, du *Grenadier*, du *Chasseur magique*, du *Griffon* & du *Léopard*, — j'en oublie sans doute. La foule était partout, car c'était un lundi, jour d'expansion à Strasbourg comme dans toute la France. Chaque brasserie eft composée uniformément d'une salle plus ou moins grande, & d'un jardin plus ou moins petit. Des tables & des bancs de bois occupent la salle; des bancs & des tables de bois occupent le jardin, — lequel jardin n'eft le plus souvent qu'une cour, plantée d'un arbre. On lit dans un coin : *Pissoir*.

Dans quelques-unes de ces brasseries on remarque, appendue au-dessus du comptoir, c'eft-à-dire à la place d'honneur, une lithographie coloriée, représentant un joyeux homme en manteau de pourpre doublé d'hermine, assis sur des tonneaux, & tenant de la main droite, levée par un gefte triomphal, une chope d'où déborde une bière écumante. La main gauche s'appuie sur une couronne & une épée. Puissamment hilare, la tête eft encadrée d'une abondante chevelure blonde & d'une barbe non moins abondante &

non moins blonde. Au bas de cette eſtampe, dont les tons riches frappent gaiement la muraille, on lit ce nom : Gambrinus.

Qu'eſt-ce que c'eſt que Gambrinus? La légende en fait le roi de la bière, le Noé de l'orge, le Bacchus du houblon ; la légende prétend même qu'il a régné en Brabant. C'eſt bien possible. — Quoi qu'il en soit, & de quelques ténèbres hiſtoriques qu'elle semble enveloppée, la royauté de Gambrinus eſt partout reconnue. En Allemagne, & surtout en Prusse, on ne jure que par Gambrinus, &, de même qu'à Strasbourg, son image décore & protége la plupart des tavernes.

Il exiſte d'autres effigies du monarque mousseux, plus anciennes & plus naïves. Mon compagnon a réussi à déterrer l'une d'elles, gravure bizarre, sous laquelle on voit cette baroque inscription, qui a la prétention d'être formulée en vers :

De l'orge en *drèche* changeant,
J'eus l'idée, le premier,
La boisson comme la bière d'en brasser.
Aussi, en vérité, les brasseurs diront
D'avoir de leurs états un roi, un maître & un patron.

Si Gambrinus revenait au monde, il n'hésiterait pas à faire de Strasbourg sa capitale. Tout, en effet, dans cette ville, se ressent de la domination de la bière. Les hommes ont le visage couleur de bière, les cheveux couleur de bière, les vêtements couleur de bière. La terre & les maisons sont rougeâtres, comme la bière. Les femmes (je parle des femmes du peuple) ont l'air de chopes qui marchent.

La principale affaire d'un Strasbourgeois eft d'aller *essayer* la bière à midi. Ce prélude sans importance ne se compose que de cinq ou six chopes. Il revient à la brasserie vers quatre heures, lorsque sa journée eft terminée ; alors la déguftation devient plus grave, les canettes se succèdent. Mais le dîner sonne ; fidèle au repas en famille, il rentre chez lui. On ne le reverra qu'entre huit & neuf ; il eft vrai que jusqu'à onze heures il semblera vissé à son banc, & que cette fois il s'attaquera, non plus aux canettes & aux chopes, mais aux formidables moos. Gambrinus ne veut pas de tièdes servants !

Il faut croire que la bière se digère & s'évapore bien mieux sur le sol de sa production que partout ailleurs ; sans cela, on s'expliquerait difficilement une aussi grande consommation. Pour ma part, moi que la bière laisse assez indifférent à Paris, je m'étonne de l'attrait qu'elle emprunte à Strasbourg. Je ne m'élève certainement pas jusqu'à l'enthousiasme de mon compagnon, mais je le suis avec intérêt, je le comprends, je l'approuve, je l'imite...

Parmi les variétés de buveurs de bière, il en eft beaucoup qui, comme lui, poursuivent de brasserie en brasserie un idéal & ne s'arrêtent que lorsqu'ils l'ont rencontré. A ce moment-là une sorte de courant électrique traverse tout Strasbourg ; la nouvelle se répand comme un mot d'ordre chez les véritables amateurs, qui se répètent les uns aux autres : « C'est à *l'Espérance* qu'eft ce soir la bière la meilleure ! » Des déplacements s'opèrent aussitôt dans toutes les brasseries ; on dirait des conjurés appelés à un rendez-vous ; *l'Espérance* eft envahie.

Le lendemain de cette excursion nocturne, M. Henry, l'homme aux pâtés européens, m'emmenait à Haguenau pour m'y faire assister à la cueillette du houblon. Il était temps ; déjà quelques bourgeons menaçaient de roussir. Le spectacle de cette récolte eft très-intéressant : qu'on se représente une armée de grands échalas renversés, — la forêt de Birnam couchée à terre ; — &, accroupies au milieu de ces branchages, trois ou quatre cents Alsaciennes aux corsages rouges & bleus, paraissant éplucher une immense salade. Autre chose plus curieuse encore : dans une houblonnière, voisine de celle de M. Heim, hommes & femmes venant à manquer, on avait fait appel aux cuirassiers de la garnison, & c'était plaisir de voir ces braves militaires remplissant à qui mieux mieux de vaftes paniers.

Le paysage de Haguenau, quoique plat, eft gai & bien coupé ; son horizon grandiose eft fourni moitié par la Forêt-Noire & moitié par les Vosges. — Quant à Haguenau, c'eft une petite ville fortifiée, qui n'a rien pour retenir le regard. Mais qu'on ne s'y trompe pas : nous sommes ici en plein berceau du houblon. Entrez, pour vous en convaincre, à la brasserie du *Lion d'or*, — une vieille maison décorée d'une enseigne rutilante : le roi des animaux étendant sa griffe sur une chope. Dans l'arrière-salle, à côté de l'inévitable Gambrinus, vous lirez cette inscription : « Maison d'Ignace Derendinger père, introducteur de la culture du houblon en Alsace en 1805. »

Le *Lion d'or* de Haguenau jouit d'une renommée qui s'étend à vingt lieues à la ronde. C'eft à la fois une brasserie & une bourse; j'y ai vu la plupart des grands propriétaires de houblon, causant de leurs espérances & établissant leurs prix courants. Un d'eux m'a promis de m'adresser une de ces rares gothiques chopes en bois de couleur, — comme on n'en retrouve plus que dans cinq ou six familles patriarcales de l'Alsace,

Mes impressions de voyage sont, on le voit, d'un caractère spécial. Je ne m'exposerai pas à des redites en racontant la suite de mon séjour à Strasbourg ; je me contenterai de toucher un mot d'un souper que je fis, la veille de mon départ, au faubourg de la Krutenau. — La Krutenau semble un quartier d'Amfterdam, à la nuit surtout ; on s'y rend par la rue du Renard-Prêchant, en laissant de côté la rue du Jeu-de-Paume & la Tour-aux-Souris. Au bord de l'eau se trouve la brasserie du *Télégraphe ;* c'eft là. On y mange des carpes du Rhin frites & des matelottes de lottes, flanquées d'écrevisses énormes ; — je ne sais rien de plus exquis que les foies de lottes, arrosés de vin du pays. Car il eft temps de le dire, afin d'atténuer quelques-unes de mes railleries : la bière n'eft pas la boisson unique (*poiʒon inigue*) du Bas-Rhin : le vin reconquiert ses droits dans les feftins sérieux. De jolis petits vins que les vins d'Alsace ! Jadis (il n'y a pas si longtemps) on les envoyait à Cologne pour fortifier les vins du Rhin.

Quelques heures après ce souper à la brasserie du *Télégraphe,* je prenais le chemin de fer de Paris, emportant dans ma malle le portrait colorié de Gambrinus.

BADEN-BADEN

I

Dans une contre-allée de la promenade de Baden-Baden, l'œil eſt attiré par deux boutiques de criſtaux de Bohême, qui étincellent des couleurs les plus variées & des feux les plus coquets.

Je m'y arrête souvent; j'admire avec des regards d'enfant les luſtres à pluie de pendeloques, les coupes roses soutenues par des dauphins blancs, les hautes chopes blasonnées & ornées de grands chevaliers à casques, les cloches à dessert, — splendides camisoles de force deſtinées au roquefort épileptique, — les cornets à fleurs au col élancé, les coffrets représentant uniformément sur leurs quatre faces la Trinkhalle, la Favorite, Eberſtein & le Vieux-Château;

les lavabos magiſtrals; & la foule papillotante des verres, verres géants, verres microscopiques, verres à pied, verres-tulipe, verres mousseline, verres de toutes formes & de toutes couleurs, sur lesquels le même artiſte a gravé la même chasse, le même cerf, le même paysage.

Quelquefois, j'entre dans une de ces boutiques; je fais des petits tas, un choix, & je dis au marchand, qui porte le beau nom de Pélikan :

— Mettez-moi cela de côté; je le prendrai à mon départ de Baden-Baden.

Le marchand me répond : *Ya, ya,* flegmatiquement. Il eſt accoutumé à ma manie; il sait qu'au bout de la contre-allée j'aurai oublié mon emplette, — & il oublie ma recommandation.

II

L'autre jour cependant, après une ſtation plus prolongée dans la boutique de M. Pélikan, j'avisai sur une étagère — une carafe.

Une carafe toute blanche, noble, sévère, taillée à pans épais. Éclat frissonnant! Lumière pure & digne! Cette carafe faisait songer à la Source d'Ingres, aux neiges éternelles de la

Sierra-Nevada, aux aubépines fleuries, à l'écume poudroyante des torrents, à Séraphita-Séraphitus, aux épaules des loges du Théâtre-Italien, aux albâtres & aux cygnes, à tout ce qui éblouit, charme & impose.

Au milieu de cette fête du criftal, elle semblait une de ces belles filles qui ne connaissent personne & que personne ne connaît, & qui se tiennent triftement & fièrement assises sur une banquette de bal.

— J'achète cette carafe, dis-je au marchand.

— *Ya, ya,* me répondit-il sans se déranger.

— Et je l'emporte.

Le marchand leva la tête.

— Et je la paye, ajoutai-je.

La carafe fut placée par moi dans ma chambre d'hôtel, à la place d'honneur.

III

Pendant la nuit, la carafe m'a parlé, & elle m'a dit :

« Merci de m'avoir retirée de cette société où j'étais compromise, à côté de ces pots de pommade & de ces flaçons frivoles.

« Je ne m'attendais pas à cela de toi, & c'eſt ce qui me rend plus précieux ce bon office.

« Hélas! tu m'as méconnue bien longtemps!

« Que de fois je t'ai vu me dédaigner & même me repousser dans un repas!

« Et si quelqu'un, plus sage que toi, s'avisait de me saisir, tu t'écriais alors sans pitié : — Garçon! à quoi pensez-vous donc? ôtez vite cette carafe de nos yeux!

« Je t'aurais pourtant rendu d'inappréciables services.

« Maintes fois je t'ai lancé des éclairs désespérés, pour t'avertir de te méfier des pécores qui t'environnaient!

« Mais tu détournais obſtinément tes regards enivrés.

« Enfin, aujourd'hui, tu reviens à moi; je pardonne tout.

« Ne redoute pas la raillerie; ne suis-je pas ton amie d'enfance & de jeunesse? Après ton premier rendez-vous, ne bus-tu pas mon contenu d'un seul trait?

« Reſte avec moi, je suis la santé & la force. Je rendrai tes yeux brillants & ton âme sereine.

« Je ne demande pas la première place dans ton affeƈtion; aie des maîtresses parmi les bouteilles séduisantes & les fioles perfides, puisque tu ne saurais t'en passer absolument; mais reviens toujours à moi comme à la femme légitime, à la femme honnête, résignée & secourable.

« Et puisque tu te laisses prendre volontiers aux images poétiques, comme un gros niais que tu es, eh bien! considère-moi, — moi, la carafe, — comme la lune des festins! »

IV

La carafe se tut, & je l'écoutais encore.

A mon réveil, je l'aperçus sur ma table, toute enveloppée & toute baignée des premiers rayons du soleil.

Je fus presque jaloux du soleil!

Durant la journée, quelque chose de frais & de guilleret courut dans mes veines.

Et je jugeai à ces symptômes qu'il était temps de quitter le pays.

Comme je me rendais au chemin de fer allemand, avec la rapidité d'une bonne résolution, je fus hêlé sur les degrés de la Maison de Conversation par quelques oisifs :

— Hé! soupes-tu avec nous ce soir? es-tu des nôtres? me crièrent-ils.

Je haussai les épaules & pressai le pas.

Dix minutes après je quittais Baden-Baden, calme, le front haut, — avec ma carafe à la main !

ITALIE

Turin, 30 novembre 1859.

Je viens voir l'Italie frileuse, l'Italie moins son ciel & les touriftes. Je suis servi à souhait : il fait un brouillard qui ne serait pas désavoué sur les boulevards parisiens. La première enseigne que je lis à travers les vitres de l'omnibus du chemin de fer, qui me conduit dans l'intérieur de Turin, eft celle-ci : *Café Solferino*. — Après cinq minutes de trajet, je descends à la *Pension suisse*, rue Charles-Albert, un hôtel comme tous les hôtels, où l'on me donne une chambre comme toutes les chambres. Sur la tapisserie un voyageur français a tracé au crayon la lifte de son linge : deux chemises, quatre faux-cols, onze mouchoirs. — Onze mouchoirs ! il eſt évident que ce voyageur était puissamment enrhumé.

Le temps de réparer ma toilette, & je me précipite hors de l'hôtel, au hasard : je me répands dans les rues, j'encombre les faubourgs, j'erre sur les quais, je tourne sur les places. Partout une régularité que m'avaient annoncée les *Guides;* des arcades où circulent des abbés à la redingote courte, au chapeau triangulaire; des perspectives de plusieurs kilomètres; tous les cinquante pas une église ou un théâtre; des *bersaglieri* causant avec des marchandes de pommes, coiffées de la traditionnelle *marmotte;* le portrait de Victor-Emmanuel à toutes les montres des magasins, en grand uniforme & en caporal des zouaves; des vendeurs de journaux à se croire en plein Paris; des omnibus informes & jaunâtres, des coupés de remise, tout le train d'une capitale enfin, avec quelque chose d'éclairé & de joyeux dans les physionomies.

J'irai au théâtre ce soir, bien certainement, malgré ma fatigue. Le Théâtre-Royal eſt fermé; mais dix autres affiches me sollicitent. A laquelle entendre ? Le théâtre Carignan annonce *Norma;* — le théâtre Scribe joue *Un monsieur qui suit les femmes* & *les Femmes qui pleurent,* comédie par MM. Thibouſt & Girardin (au lieu de Siraudin); — le théâtre Rossini : *Stenterello e* sua *Figlia, comici ambulanti;* — le théâtre Gerbino : *Silvio Pellico e le sue Prigioni, o i Carbonari del* 1821 ; — le théâtre Alfieri (on ne va peut-être pas me croire) : *Madamigella Rachele, o il Padre della Esordiente, commedia in 4 atti, del Scribe e Bayard.* Je suis resté pétrifié devant ces mots : *Mademoiselle Rachel, ou le Père de la Débutante!* Quel trait de génie de la part de l'impresario ! Mais comment M. Félix prendra-t-il la chose ? — Je crois inutile d'ajouter que M. Scribe est absolument étranger au *Père de la Débutante*, un des derniers vaudevilles de Théaulon. Ici, M. Scribe est de toutes les pièces, comme le fromage est de tous les plats.

Les salles de marionnettes ont, elles aussi, de grandes affiches, comme les autres. Le *teatrino San-Martiniano* & le *teatrino del Gianduja* annoncent tous les deux une imitation sérieuse de *Norma*, qui est, à ce qu'il paraît, la vogue du moment. — Eh bien ! je verrai les trois *Norma* dans la même soirée; j'en aurai le cœur net.

J'entre au café Fiorio, dans la rue du Pô, un café sans luxe extérieur ni intérieur, mais qui m'a été indiqué comme le rendez-vous de la bonne compagnie de Turin. Sur une table est la carte des *pezzi duri* ou morceaux durs: des glaces aux cédrats & aux fraises, aux pêches & aux limons; des crèmes à la cannelle, à la vanille, au chocolat; des bombes & des *biscotti*. — Pour l'inftant, je me contente du vermouth prévu.

Il eft cinq heures. — Une invitation cordiale de M. le duc de San-Donato me requiert à dîner avec un de mes amis à l'hôtel de Londres. Le duc de San-Donato, ancien député au parlement de Naples en 1848, premier aide de camp de Garibaldi dans la dernière guerre, eft un des plus aimables & des plus spirituels personnages qu'il soit possible de rencontrer. Il eft bien connu par ses sympathies pour la presse française. — Cette première fois, je ne prête peut-être pas à la cuisine italienne toute l'attention qu'elle mérite; les grives à la *polenta*, la purée de truffes blanches, le thon en salmis se succèdent sur la table.

Sept heures.

Au dessert, j'ai mal déguisé mon impatience pour me rendre au théâtre; & M. de San-Donato ayant bien voulu m'excuser, je suis sorti avec mon ami. Cet ami, qui figurera souvent dans ces notes, me demande à n'y être désigné que sous son prénom de Carlo. Il connaît l'Italie moderne aussi bien que Stendhal, & ce m'eft une excellente fortune de l'avoir pour compagnon. Carlo, donc, m'a pris sous le bras & m'a conduit au théâtre Carignan, — dont la décoration rouge, sombre & dorée m'a rappelé la salle de spectacle de Versailles, mais agrandie. Le parterre seul était plein; les loges n'ont commencé à être occupées qu'à partir du deuxième acte. Je ne m'appesantirai pas sur l'exécution de l'opéra; elle a été supportable; toutefois je n'ai pu m'empêcher d'être choqué, — puis égayé, — par l'entrée en scène d'un groupe de soldats romains, portant leurs cahiers de musique commodément fichés sur leurs clarinettes, sur leurs cornets à piftons, sur leurs ophicléides.

Du théâtre Carignan je me suis transporté, d'après mon programme, au *teatrino* de San-Martiniano. *Norma* allait finir, deux marionnettes se débattaient sur un bûcher, duquel un guerrier, s'élevant de terre par sauts inconsidérés, approchait une torche en tremblant. En tant que fabrication, ces pantins n'ont rien de supérieur aux nôtres, mais ceux qui les font mouvoir mettent dans le débit de leurs rôles un accent passionné qui nous eft inconnu en France. La salle eft petite & nue, mal éclairée; quatre ou cinq quinquets classiques, avec leurs disques réflecteurs en fer-blanc, forment la rampe. — On allait continuer la représentation par la *Crinolomania*; le temps me manquait pour y assister.

A dix heures, j'étais devant le contrôle du théâtre de Gianduja. Qui ne sait que Gianduja est le Polichinelle piémontais par excellence? C'est cette figure, qu'on retrouve en tout pays, de rustre narquois, cynique, épais, — satire populaire, politique quelquefois.

Par malheur, je suis arrivé trop tard pour voir Gianduja dans ses fonctions d'écuyer de Pollion. Mais j'ai pu l'apprécier dans la seconde pièce : *le Puits des fourberies*, « gracieuse farce toute de rire, » selon l'affiche. La toile s'est levée sur un effet de neige : des montagnes & des sapins; à droite, une cabane; à gauche, un puits. Au bruit d'une cloche agitée à sa porte, Gianduja a paru, en chemise & en bonnet de coton, des bas rouges, une lanterne à la main. La salle a tressailli en retrouvant son héros. — « Qui frappe à cette heure? » demande Gianduja. — « C'est moi, Barberine, ta femme; » dit une petite marionnette coquettement habillée. — « Allons donc ! » reprend Gianduja, à sa fenêtre; « Barberine est une honnête femme qui ne court point les chemins par la nuit & le temps qu'il fait; à d'autres ! »

J'ai reconnu *Georges Dandin*, mais je n'ai pas moins continué de rire. Va pour Molière en

Piémont ! Gianduja demeure sourd aux supplications de Barberine ; il referme ses contrevents & rentre chez lui. — « Gianduja ! Gianduja ! » s'écrie d'un ton éploré la petite marionnette, en se trémoussant. — « Gianduja eſt dans son lit, les jambes étendues, & il réchauffe sa carcasse. » Ainsi parle l'égoïſte, du fond de sa maison. Ce qu'entendant, Barberine feint de se noyer & jette une pierre dans le puits. Vous savez le reſte : Dandin-Gianduja se sent pris de remords & se relève pour constater le décès ; aussitôt Barberine se précipite dans le logis conjugal dont elle referme la porte. Aux cris poussés par Gianduja, le beau-père arrive, en habit marron parsemé de pois de couleur, & lave d'une grave façon la tête à son gendre. Le mot célèbre : *Tu l'as voulu, Georges Dandin !* eſt remplacé par celui-ci, plus philosophique dans la bouche de Gianduja : « Allons manger une douzaine de *peveroni !* » Les *peveroni* sont les piments du Piémont ; le peuple s'en repaît avec avidité ; c'eſt à la fois son ail & son alcool.

Ce dernier *teatrino* eſt encore plus laid que celui de San-Martiniano. Je le quittai à onze heures ; & je passai, pour m'en revenir, devant les hôtels du *Bœuf-Rouge* & de *la Bonne-Femme*. Les rues de Turin étaient pleines de gens qui chantaient, — non des ivrognes, non des virtuoses, — mais des artisans de belle humeur & de franc gosier. Leurs chants me poursuivirent jusqu'à ma *Pension suisse*; je les entendis une partie de la nuit.

1ᵉʳ décembre.

Je suis sorti ce matin à neuf heures, avec l'intention d'explorer les étalages & les magasins des bouquiniftes, dont le nombre m'avait frappé. C'eft un devoir auquel je ne manque jamais en voyage & qui me rappelle mes plus chères distractions de Paris. Les bouquiniftes de Turin sont groupés sur une ligne assez étendue : ils occupent presque tout un côté de la rue du Pô, depuis le palais du roi jusqu'à la place Victor-Emmanuel. — Deux noms dominent uniformément dans chaque étalage : *Alessandro Dumas* et *Paolo di Kock*. — Le bon marché y eft à l'ordre du jour, comme chez nous, comme partout; ce sont de petits volumes de poche, ornés d'une gravure sur la couverture, assez mal imprimés généralement. J'ai cru m'apercevoir que les traducteurs en prenaient à leur aise, surtout avec nos auteurs dramatiques : dans *les Trois Maupin*, ils ont supprimé le nom de M. Henri Boisseaux, le collaborateur de M. Scribe; dans *le Mari à la campagne*, ils ont changé M. de Wailly en Bailly. — En fait de répertoire italien, je me suis rendu possesseur de *Pipelè, o il Portinaio di Parigi,* c'eft-à-dire *Pipelet, ou le Portier de Paris,* mélodrame en quatre actes.

J'ai vu quelques beaux livres d'art; mais les bouquiniftes piémontais sont comme les nôtres : ils connaissent la valeur de leurs volumes. Le temps des trouvailles eft passé, — c'eft désolant.

Voici l'époque des Almanachs; j'en fais provision pour mes veilles : *Almanacco nazionale, Almanacco per ridere, Almanacco della Legge communale, Almanacco di Sanremo,* — & le plus gouailleur de tous : *Gerolamo spia del contadino malizioso* (*Jérôme, espion du paysan malicieux*), imprimé à Afti & écrit entièrement en vers.

Quatre heures.

C'eft surtout en voyage qu'on eft obligé de faire comme tout le monde, — en dépit de sa propre volonté. Moi, qui habite Paris depuis treize ans & qui n'ai mis les pieds ni aux Gobelins, ni au musée d'artillerie, ni aux Missions étrangères, je viens de visiter la plupart des édifices de Turin. Les tableaux, les couvents, les athénées tourbillonnent devant mes yeux;

— j'ai besoin de me reposer & de fixer le regard sur quelque chose qui ne soit pas un chef-d'œuvre.

Autrefois, Turin était fameux par la grande quantité de ses églises. Un *ana* du dix-huitième siècle raconte qu'un étranger demandait le temps qu'il fallait pour en visiter les antiquités. *Un' ora*, lui répondit-on. — Et les curiosités ? — *Un giorno*. — Et les musées ? — *Una settimana*. — Et les cafés ? — *Un mese*. — Et les théâtres ? — *Un' anno*. — Et les couvents ? — *Un secolo*. — Et les églises ? — *Sempre !*

Il n'en eft plus ainsi aujourd'hui. Turin a rasé ses chapelles ou en a changé l'appropriation. Il y a toujours cependant un grand bruit de cloches, mais elles ne sonnent plus que les heures. Autant en emporte le vent !

Je ne décrirai ni ces églises, ni ces tableaux ; les livres spéciaux sont abondants sur ces matières.

Sous les arcades, on me fait remarquer un homme blond, grand, diftingué, l'œil très-doux, devant qui tout le monde se découvre. C'eft M. Rattazzi, le miniftre de l'intérieur, à qui je dois être présenté ces jours-ci. — Un peu plus loin, Carlo accofte M. Valerio, promu récemment au titre de gouverneur de Côme ; M. Valerio m'engage vivement à visiter sa nouvelle province.

2 décembre.

La neige tombe. Les montagnes qui enferment Turin disparaissent dans un brouillard épais. Que faire? Aller au café Fiorio. Et puis? toujours au café Fiorio. De même que l'Italie entière eft à présent résumée dans Turin, de même Turin tout entier eft dans le café Fiorio. C'eft un salon, une halle, un club, — & même un café. Pourtant, remarquez que c'eft le plus laid ou du moins le plus insignifiant de tous les établissements de ce genre ; il se compose de quatre petites pièces à la suite les unes des autres. Sur ces banquettes de vieux velours viennent s'asseoir indiftinctement des hommes d'État, des grisettes, des prêtres, des militaires, des *facchini*. Voici le comte Gallina, ancien ambassadeur à Paris & à Londres; voici le marquis Alfieri, président du sénat ; il va, les mains derrière le dos, voir jouer une partie de billard. — La porte s'ouvre devant les aides de camp du roi, le général Sanfront, le général Actis & le comte de Cigala ; le professeur Berti demande une limonade ; le cavalier Biglioni, dont les désaftres au whift sont fameux, propose une partie au comte Cappello ; le chevalier de la Rochette, peu soucieux de sa toilette, en véritable savant qu'il eft, traîne ses pantoufles le long de chaque table ; un conseiller d'État, M. Mathieu, s'entretient avec M. Franzini, un général. — Le comte Chiavarina bâille au nez d'une gazette. Voulez-vous voir le marquis Ricci, Génois éminent ? il eft làbas auprès de M. Melegari. Cette figure maigre eft celle du marquis Birago, directeur du journal l'*Armonia*, qui eft *l'Univers* de Turin. — Tournez vos regards du côté des Napolitains : là sont le duc de San Onufrio, le baron Plotino, le major Carrano, & M. Cordova, ex-député au parlement de Sicile ; ils causent à voix basse, & la triftesse eft peinte sur leurs expressives physionomies. — Un autre coin, d'une espèce différente, eft celui des anciens gentilshommes de la chambre du roi, supprimée depuis le nouveau règne ; ceux-ci passent leurs journées à grommeler, à soupirer & à parler du vieux temps avec Auguftin, un des propriétaires du café, toujours en habit noir.

La fleur des pois fait son entrée : le comte Charles de Robilant serre toutes les mains tendues vers lui ; le marquis Bertone de Sambuy feint de n'apercevoir personne. Sur le seuil se tiennent d'autres élégants Piémontais qui lorgnent les femmes, & les femmes paraissent enchantées d'être lorgnées. C'eſt que l'approbation des habitués du café Fiorio fait autorité ; telle Turinoise, qui aura une robe nouvelle, s'empressera de passer devant le café Fiorio, &, si elle recueille un murmure flatteur, elle emportera du bonheur pour toute la journée ; ce n'eſt pas au cours qu'un Turinois fera piaffer son cheval ou courir sa voiture, c'eſt devant le café Fiorio, toujours le café Fiorio,

Fiorio eſt un nom d'homme.

3 décembre.

Journaliſte français, il était de mon devoir d'aller saluer quelques-uns de mes confrères du Piémont ; je n'ai pas besoin de signaler l'importance & le développement acquis par la presse sarde depuis ces derniers temps. Dix feuilles quotidiennes, au moins, desservent chaque matin l'impatience nationale : *l'Union, l'Eſtafette, l'Espoir, le Campanile, le Droit, l'Opinion, la Gazette piémontaise, la Gazette du Peuple* (à un sou), *l'Harmonie,* etc. — Il en eſt d'autres, d'une publicité plus reſtreinte, des *Mouvement,* des *Moment,* des *Indépendance,* que sais-je ? Puis des journaux satiriques à foison ; le premier eſt *le Sifflet* qui publie une caricature tous les jours ; après lui, *Pasquin,* hebdomadaire & illuſtré; le plus petit & le dernier venu eſt *Figaro à Turin.*

Je me suis rendu d'abord au bureau de *l'Union,* dans un entresol plus que modeſte. Au milieu d'une bibliothèque, penché sur un pupitre, j'ai trouvé un petit homme d'une cinquantaine d'années, à l'encolure puissante, coiffé d'un bonnet grec en velours ponceau, — M. Bianchi-Giovini, — un énergique polémiſte, un travailleur infatigable. Il fait presque à lui tout seul son journal, le plus accrédité peut-être. Nous causons une demi-heure environ; en prenant congé de lui, &, pendant qu'il me reconduit, j'aperçois le corridor barré par un chien énorme. C'eſt le terre-neuve de M. Bianchi-Giovini; j'essaye de le caresser, mais un grognement d'une nature peu rassurante m'oblige à retirer la main. M. Bianchi-Giovini & son chien sont populaires à Turin.

Après avoir vu l'ancien journaliſte, il me fallait voir le journaliſte moderne. Le type m'en eſt fourni par M. Marazio, rédacteur en chef du *Droit,* un jeune homme & un avocat distingué. Ses bureaux sont confortables, élégants même. Au *Droit* comme à *l'Opinion,* je suis reçu avec cette confraternité dont les témoignages doublent de valeur à l'étranger.

Au *Fischietto (le Sifflet),* je feuillette la collection, remplie de lithographies que signeraient Daumier & Cham. *Le Sifflet* exiſte & siffle depuis douze ans. Il vient de publier ses *étrennes annuelles*, — un almanach illuſtré & rempli de facéties originales & fines.

Une partie eſt intitulée : *les Français à Turin*. C'eſt la collection des jeux de mots nés de la confusion des langues pendant la guerre. Les *Cabassini* ou serviteurs de place y sont raillés pour la prolixité de leurs renseignements à cette époque, et l'on y cite la réponse de l'un d'eux à un de nos cuirassiers qui lui demandait le quartier de cavalerie : — *Allez toujours dritt devant vous jusqu'à Santa-Teresa ; après, voltez à gauche, & allez toujours dritt devant vous pour arriver à la place du Caval d' Bronz ; depuis, voltez encore à gauche pour infiler contra Neuva ; si volez scurser, passez par la galerie Natte ; traversez piazza Castell', slongand' les pas dans la rue du Pô ; contez cinq isoles, revoltez à gauche, & vous trouverez la caserne, bien sicur.* — Mais si je me trompe ? objecte le cuirassier. — Il eſt impossible que vous vous *trompettiez*.

Même jour.

Dîner chez M. Giacomelli, un des peintres du roi. — Deux beaux enfants, l'un de quatre ans, l'autre de six, sautent sur mes genoux, &, entendant les éclats d'une toux que j'ai apportée de France, s'écrient dans leur gentil baragouin : — « Grosse tambour ! grosse tambour ! Je passe là trois ou quatre heures charmantes.

Le temps s'écoule dans une causerie artiſtique & presque intime. — Invité à prendre le thé chez le prince Lubomirsky, je me hâte de me faire conduire à son hôtel ; mais trop tard ! Le prince vient de rentrer dans ses appartements. Je regrette beaucoup ce contre-temps qui me prive de voir un des premiers salons de Turin; car le prince Lubomirsky, naturalisé Piémontais, eſt marié à une grande dame française dont tout le monde s'accorde à vanter l'esprit & les grâces.

6 décembre.

La loterie exiſte à Turin. On comprend que je ne manque pas cette occasion de m'enrichir sans rien faire. Le cœur ému, j'entre dans un bureau grillé & encombré de cartons, où un vieux bonhomme me présente un sac rempli de boules de loto, en m'invitant à y plonger les mains. Je remue le sac, selon l'usage, & j'attire plusieurs numéros qui sont immédiatement enregiſtrés. — Si je gagne, je jure de... Mais gardons mes projets pour moi seul; ne les confions pas même au papier.

Même jour. — Neuf heures du soir.

Passant devant le théâtre Rossini, rue du Pô, je prends un billet & j'entre dans la salle. Il n'y a de place nulle part. Debout au milieu du parterre mobile, j'écoute sans y comprendre grand chose quelques scènes d'une pièce intitulée : « *Nom, fortune, patrie, avec Stenterello, maçon, dépositaire fidèle & père par accident.* » Stenterello est le type toscan, comme Gianduja est le type piémontais ; au physique, c'est un drôle grimé à la mode des clowns ; ses sourcils que le charbon a tracés, ressemblent à deux arches de pont ; il est coiffé d'un tricorne galonné de blanc, derrière lequel se redresse une queue très-serrée dans un ruban noir ; il a une veste bigarrée. Ses plaisanteries me paraissent lourdes & violentes ; il se mêle à tout & de tout ; il est indispensable, quoique souvent il ne tienne pas à l'action. Dans ce dernier cas, on ajoute au titre de la comédie, comme ce soir : « *Avec Stenterello,* » & Stenterello de se promener à côté de l'intrigue, jetant son mot, prodiguant sa gambade. — Quand je dis que je ne comprends rien à la pièce, c'est une erreur : je devine qu'il s'agit d'un fils naturel abandonné par une grande dame ; une cicatrice le fait reconnaître d'un vieil intendant, etc. — Je m'en vais.

7 décembre.

Présentation au comte de Nigra, miniftre de la maison royale. — M. Nigra, ancien banquier de la cour, eft un homme de haute taille, parlant posément, écoutant. Il a rendu, en des temps difficiles, des services au Piémont. Son accueil eft un de ceux dont j'aimerai à me souvenir

8 décembre.

Tout artifte ou tout lettré, tout patriote ou tout homme du monde ne saurait passer à Turin sans aller faire une visite à Vincent Vela, un des premiers sculpteurs de l'Italie. — Vela, pour ne citer que sa dernière œuvre, eft l'auteur de cette ftatue qui s'élève sur la place du Château, & qui représente un soldat tenant le drapeau italien ; personnification & glorification de l'armée sarde tout entière. Vela a décoré plusieurs villes, Milan entre autres, & il n'a pas quarante ans. J'ai été frapper chez lui, ce matin ; mais le hasard veut qu'il soit en voyage ; de ses ateliers, un seul était ouvert : j'ai poussé la porte & je suis entré. Un de ses élèves travaillait à un buste de Dante, dont le long regard & la maigreur énergique m'ont donné froid ; j'ai répété mentalement le sonnet d'Auguste Barbier : *Dante, vieux Gibelin...*

Je vois dans cet atelier une copie d'une composition renommée pour son élégance : *la Musique pleurant sur les restes de Donizetti.* L'attitude de cette femme est pleine d'abandon, & l'étoffe est traitée avec autant d'ampleur que de simplicité, le bras gauche tombe mollement sur le genou. Dans un bas-relief, cinq ou six petits génies brisent leurs lyres ; leurs mouvements sont adorables ; je ne reproche à ce bas-relief, qui fourmille de détails exquis, qu'une gaieté incompatible avec le sujet. Je retrouverai ce monument dans le cimetière de Bergame, où l'auteur de *Lucie* est enterré.

Les autres morceaux qui attirent mon attention sont : une statue colossale de Minerve, destinée à la ville de Lisbonne : le *Printemps*, figuré par une jeune fille, riante, palpitante, frêle, une merveille de fraîcheur & de vie ; — le buste de M. Camille de Cavour ; — une *Veuve* étouffant ses sanglots avec son mouchoir ; — & un grand nombre de personnages de grandeur naturelle, savants ou politiques, dont je n'ai pas su retenir les noms. Vela a une fécondité singulière, & je n'ai vu qu'un de ses ateliers.

Les cloches sonnent à toute volée ; les magasins sont clos ; la foule remplit les rues. C'eft la fête de la Conception.

Demain, je pars pour les duchés de Parme & de Modène.

Plaisance, 9 décembre.

A cinq heures & demie du matin (ô barbarie!) j'ai quitté Turin; &, tout grelottant, les yeux rougis, le teint marbré, je me suis confié au chemin de fer d'Alexandrie. A Alexandrie, un nouveau train m'a conduit au pont de la Trebbia; de là, un infernal omnibus, bas, disjoint, aux vitres brisées, sautillant sur les pierres, s'enfonçant dans la boue, frémissant à chaque cahot, m'a jeté, — c'eft le mot, — dans Plaisance la mal nommée. Aux portes de la ville, je reconnais un factionnaire français, un vrai *pioupiou,* piétinant dans la neige & soufflant dans ses doigts. Je m'informe : notre armée eft représentée ici par une garnison de huit ou dix mille hommes. Ne serait-ce que pour revoir encore ces têtes amies & riantes, je veux m'arrêter à Plaisance...

Mais, au bout de deux heures, le sentiment national étant pleinement satisfait, — ainsi que le sentiment artistique, — je m'enquiers du prochain départ du chemin de fer. J'emploie le temps qui me reste à retourner devant la Municipalité, une merveille architecturale ; je n'ai d'yeux que pour ce palais, qui est toute la ville.

Les Autrichiens ont détruit une partie des fortifications de Plaisance.

Même jour, Parme.

La neige ne m'a pas quitté depuis Turin ; c'est une désolation répandue sur ces campagnes plates, dont la plupart des arbres ont été coupés au niveau du sol. La neige fait avec moi son entrée à Parme. Il est nuit, mais les rayons de la lune luttent victorieusement contre le brouillard, & aident les campaniles à se détacher sur le ciel. Je me promène dans des rues d'une largeur énorme, le long desquelles glissent des Italiens entortillés plutôt qu'enveloppés dans leurs manteaux. La ville est muette, quoiqu'il ne soit que huit heures ; une buée épaisse attachée aux vitres des cafés m'empêche de voir à l'intérieur. Mes pas qui retentissent sur les trottoirs me portent devant le palais, silencieux & fermé, & dont la solitude ressort davantage en présence de deux jets de gaz, sentinelles indifférentes & flamboyantes. — Ces trois fenêtres, au premier étage, du côté de l'ancien palais, sont celles de l'appartement habité par le comte de Chambord, pendant ses séjours à Parme.

Les alentours du théâtre, attenant au palais, sont pareillement déserts; & je le croirais fermé, lui aussi, si je n'apercevais tout à coup une porte s'entr'ouvrant & une ombre se faufilant. Je suis cette ombre, & je me convaincs qu'il y a spectacle; on joue une traduction d'une comédie française, en cinq actes: *le Bourgeois de Gand,* par M. Romand. Placé au parterre, j'examine la salle, qui est très-grande & très-brillante, mais à peu près vide. Dix minutes me suffisent pour m'y ennuyer. Je sors. — Au détour du théâtre, j'arrive sur une vaste place dont les édifices sont à demi noyés dans le bleu de la nuit. Une colonne ornait, il y a quelques semaines, cette place; on l'a abattue; c'était celle au faîte de laquelle avait été exposée la tête du malheureux Anviti, — le colonel qui eut l'imprudence de traverser une ville où il était exécré.

Les souvenirs, les réflexions, le froid, tout cela m'oblige à regagner plus tôt que je ne le voudrais l'hôtel de la Poste. Et comme pour m'entretenir dans une mélancolique disposition d'esprit, des musiciens installés au-dessous de moi ne cessent de jouer pendant une partie de la nuit le *Miserere* de Verdi, ce sanglot sublime, ce déchirement d'une âme & d'une nation. — Quand reverrai-je, ou, pour mieux dire, quand verrai-je Parme? Je ne l'ai que soupçonné. Pourtant ce soir, cette brume, ce palais, cette place, cette colonne, ce chant, resteront longtemps gravés dans ma mémoire.

Modène, 10 décembre.

Départ de Parme à six heures & demie du matin. Je cesse de me lamenter, & je m'accoutume au wagon.

Vers neuf heures, Modène apparaît glacé, gelé, fortifié. Un *brougham* me fait traverser la ville en tous sens à la recherche d'un hôtel. Tout est plein & surplein; l'armée de la ligue occupe tous les logements. Il me faut rester au camp volant chez un restaurateur.

Dans cette course forcée, j'ai vu Modène de façon à n'en ignorer aucune arcade, aucune maison. Il se peut que ce soit un séjour très-maussade (ainsi que je l'entends dire autour de moi), mais je n'hésite pas à déclarer que j'ai rarement vu de cité plus caractérisée, plus complète, plus empreinte de la couleur & des mœurs du passé; on n'a pas touché à une seule pierre de Modène depuis trois ou quatre siècles, j'en suis certain.

Pour étudier l'église principale seulement, il

faudrait une semaine. Il y a trois églises dans cette église : une au ras du sol, une supérieure, une souterraine. Chacune d'elles a son aspect particulier, — gracieux, solennel & sinisftre.

Les femmes de Modène ont la tête enveloppée d'une cape; c'eft tout ce qui refte du coftume local. Elles portent la crinoline, comme partout, — mais la crinoline ridicule, bossuée, mal attachée, flottante, & par-dessus cette crinoline une chétive robe à carreaux.

Vers deux heures, je me suis rendu au palais, résidence de M. Farini. En attendant que le dictateur pût me recevoir, j'ai parcouru les salles, les appartements, les galeries. François V n'a pas tout emporté; il a laissé des meubles magnifiques, & quelques-uns des buftes de sa famille. Les pièces habitées aujourd'hui par le général Fanti contiennent d'admirables tapisseries, d'une vivacité de couleurs que rien n'égale; elles racontent les aventures de Don Quichotte. Quant au musée, il se compose d'une douzaine de salles, où tous les maîtres italiens sont représentés par des pages importantes, sinon supérieures; — je dis *tous,* sans exception, & j'insifte sur ce mérite de la galerie de Modène, qui en fait un précieux répertoire.

A deux heures trois quarts, j'ai été introduit auprès de M. Farini, dans une chambre très-haute, tendue de vert, devant une cheminée à colonnettes de marbre blanc. Je n'ai pas besoin de rappeler le rôle de M. Farini dans ces dernières circonftances : acclamé par les populations de Modène & de Parme, il eft à leurs yeux la garantie de l'avenir. Ses antécédents sont ceux d'un écrivain de grand ftyle, d'un pamphlétaire plein de logique & d'ardeur, d'un historien de premier ordre. Il eft né à Ravenne.

M. Farini a le visage sérieux & pensif; les cheveux commencent à fuir les tempes; le nez eft fort, avec une courbe. Il ne porte que les mouftaches, mais abandonnées à toute leur longueur, ce qui lui donne une ressemblance avec Frédéric Soulié. Sa parole eft lente, un peu sévère. Notre entretien fut bref : il me parla de la France, je lui parlai de l'Italie. — L'adminiftration des duchés lui eft facile, en raison du concours sympathique des habitants; mais il lui faut néanmoins déployer une activité incessante. Arrivé la veille de Parme, il me dit que je le retrouverais demain à Bologne.

Je pris congé sur ce mot, & je redescendis l'escalier du palais de la famille d'Efte.

Même jour.

De Modène à Bologne, le trajet en chemin de

fer est d'une heure & un quart environ. Je venais de prendre place dans un wagon en compagnie d'un officier français, lorsque la portière se rouvrit tout à coup, livrant passage à une femme vêtue de noir & voilée. Il était nuit close. Chacun de nous offrit son coin à l'étrangère, & une fois cette offre faite & refusée, nous commençâmes, l'officier & moi, une conversation en français, — je dirai même en parisien. A une plaisanterie dont la compréhension ne nous semblait possible que de la Madeleine au passage de l'Opéra, nous surprîmes un petit rire étouffé chez la dame au voile.

— Seriez-vous Française, madame? demanda aussitôt l'officier.

— Je suis Romaine, répondit-elle; mais j'ai habité Paris... & Londres aussi.

Romaine, en effet; car après ces paroles elle releva son voile & nous reconnûmes ce type énergique & correct qui s'est heureusement perpétué jusqu'à nous. J'avais vu ces traits quelque part; je cherchai à rappeler mes souvenirs, tout en engageant l'entretien à l'aide de ces passepartout de voyage : — « Ah! Paris! il n'y a que Paris au monde! etc. » Tout cela pour en arriver, avec une négligence apparente, à cette interrogation : — « Y a-t-il longtemps que vous l'avez quitté, madame? ».

L'inconnue causait bien, très-bien, avec enjouement; elle savait se dérober à nos queſtions, toujours ménagées d'ailleurs; d'autres fois elle allait au-devant. Parlant de Modène & des Modenais, elle dit qu'il faudrait un autre Balzac pour dépeindre cette partie de l'Italie. — Balzac! à ce deuxième point de contact, j'enfourchai de nouveau le coursier de la tirade. A la fin, mon officier, n'y tenant plus, lui demanda nettement si elle était... artiſte dramatique.

Le trait était lancé. — Elle nous regarda tous les deux avec une sorte d'indécision; puis elle avoua qu'elle l'avait été, mais que depuis plusieurs années elle ne l'était plus, par suite de circonſtances *exceptionnelles;* — &, à mesure qu'elle parlait, je me rappelais parfaitement ces cheveux plantés en forêt sur le front, cet œil fier, & jusqu'à cet accent profond, caché sous le rire. Il s'agissait maintenant de connaître le théâtre auquel elle avait appartenu. C'était plus difficile. — Je mis au hasard le doigt sur le Théâtre-Italien; elle tressaillit & se tut.

A moins de lui demander son nom, nous ne pouvions guère pousser plus loin notre inquisition. Nous le comprîmes tous les trois, car il y eut un silence, qui ne fut rompu, jusqu'à l'arrivée à Bologne, que par de banales remarques sur l'état atroce des chemins de fer & la rigueur de la température. — Mon compatriote & moi, nous demeurions perdus dans nos conjectures. — Elle nous salua, & monta dans une voiture qui l'attendait à la ftation.

Pourtant notre curiosité devait être bientôt satisfaite : en descendant, quelques minutes enfuite, à l'hôtel Brun, nous fûmes requis d'inscrire nos noms sur le regiftre des voyageurs. Je montrai alors à l'officier cette ligne fraîchement tracée : — Madame Ronconi.

Bologne, 11 décembre.

A l'hôtel Brun, je relève un détail qui m'étonne : il y a des chambres & des *demi-chambres*. Naturellement je demande une chambre entière, & l'on me donne le n° 57, — à côté du n° 57 1/2.

Dès mon réveil, je sacrifie au saucisson, qui eft, comme je m'y attendais, d'un volume formidable. Ce devoir accompli, je me lance à travers la ville, la plus grande & la plus peuplée que j'ai vûe depuis Turin. Pour le coup, je me sens en pleine Italie. — Voici les rues tapissées de fresques, voici les palais massifs aux croisées rares, voici une tour penchée, voici la madone au coin de chaque place & dans chaque corridor d'allée, voici les mendiants épiques, voici la couleur & le ſtyle !

Carlo, que j'ai retrouvé à Bologne, où il m'avait assigné un rendez-vous, m'a présenté à M. le marquis Pepoli, miniſtre des finances de l'Italie centrale, lequel nous a retenus à dîner

M. le marquis Gioachimo-Napoleone Pepoli, un jeune homme encore, eſt petit-fils de Murat par sa mère ; il a épousé une princesse de la maison de Hohenzollern ; par ce mariage & par sa propre origine, il touche donc à toutes les familles régnantes. — Les Pepoli, profondément enracinés dans le sol italien, étaient seigneurs de Bologne il y a sept ou huit siècles. A défaut de cette souveraineté, leur descendant a hérité de l'affection & du dévouement des Bolonais, à la régénération desquels il travaille aĉtivement.

Trente-quatre ans, une haute taille, de belles manières, la courtoisie & la dignité réunies, tel eſt le marquis Pepoli, — qui, comme s'il n'avait pas assez de tous ces dons, s'eſt encore rendu célèbre par des comédies dont le recueil forme deux volumes in-18 (*Bologna,* 1855). L'une d'elles, *Inès de Caſtro,* fait partie du répertoire de madame Riſtori.

Le dîner a été servi à six heures & demie. La princesse y assiſtait, ainsi que le professeur

Montanari, ministre de l'instruction publique. —
Ici on se pare partout de ce titre de professeur,
qu'en France, au contraire, nous cherchons sottement à dissimuler. — Pour prendre le café,
nous sommes passés dans le cabinet du marquis,
un second *musée des souverains,* où j'ai pu regarder & toucher, entre autres reliques, la tabatière que portait Napoléon à Sainte-Hélène, boîte
bien simple, dont le couvercle en pierre dure
représente une cascade. J'y ai vu aussi le couvre-pieds témoin de son agonie; — plus, quelques
volumes d'*Histoire romaine* qu'il feuilletait
souvent.

Le marquis Pepoli, comprenant ma curiosité,
me conduit encore devant une aquarelle d'Isabey : le roi de Rome endormi dans son berceau;
— il me montre la plupart des armes de Murat,
sa selle opulente, son nécessaire de voyage, —
une tête de femme dessinée par madame la princesse Mathilde, etc.

Plusieurs personnes arrivent, des fonctionnaires, des intimes. La princesse les accueille
avec une grâce parfaite. Des tables de jeu se
forment; une sorte de bouillotte s'organise avec
des cartes nouvelles pour moi; impossible d'y
rien comprendre. Je me rejette sur la salle de
billard, où deux patriciens d'un âge respectable
s'escriment avec animation.

Enfin le marquis vient de nouveau à mon secours; il ordonne à deux domeſtiques de prendre des lampes & de nous précéder; il veut jusqu'au bout me faire les honneurs de chez lui & m'initier aux richesses artiſtiques de son palais. Nous traversons des appartements inondés de dorures & de glaces, au milieu desquels trônent, retirés du monde & loin des admirations vulgaires, les rois de la peinture, particulièrement Léonard de Vinci, le Guide, Tintoret. — Le marquis m'arrête devant une planche de cuivre, où un petit Amour eſt gravé avec une extraordinaire finesse : c'eſt l'œuvre du prince de Metternich. — Plus loin, je m'extasie devant un coffret, orné d'émaux par Petitot; les quatre médaillons du dessus, représentant les quatre évangéliſtes, passent pour être sans égaux. Je marche de merveille en merveille. — Ces douze pierres, pour lesquelles le mot de précieuses eſt insuffisant, Michel-Ange les a gravées; homme unique, à qui toute délicatesse & toute grandeur étaient également familières !

Une salle de ſpectacle, d'un ſtyle pompeux, sert au marquis Pepoli à *essayer* ses pièces, avant de les livrer aux applaudissements du public du théâtre *del Corso* de Bologne & successivement de tous les théâtres d'Italie.

Nous rentrons au salon.

12 décembre.

Ce matin, le secrétaire du marquis Pepoli eſt venu me prendre en voiture pour me faire viſiter Bologne. On ne saurait mieux pratiquer l'hospitalité. — Nous allons sonner au couvent des Dominicains, qui eſt situé sur une place où s'élèvent deux tombeaux soutenus par de petites colonnes de sept à huit pieds de haut; étranges monuments, qui répandent la triſtesse autour d'eux. Au bruit de la sonnette, la porte s'entrebâille; le secrétaire parlemente assez longtemps avec une vieille femme qui semble descendre de quelque bas-relief poudreux; bien qu'elle ne paraisse guère convaincue, elle nous laisse entrer; mais elle nous quitte aussitôt en marmottant quelques paroles. Je crois comprendre qu'elle nous dit de l'attendre.

Nous n'en faisons rien, & nous errons au hasard sous les voûtes d'une galerie aboutissant à un cloître, dont les murailles encaſtrent les mausolées d'une grande quantité d'ecclésiastiques illuſtres. Ensuite nous montons un escalier, qui nous mène à des cellules, closes chacune d'une porte de chêne, sculptée, cela va sans dire, car en Italie on sculpte tout, vase, cheminée, girouette; on n'abandonne pas un morceau de pierre, un morceau de bois, sans le soumettre à des caprices plus ou moins égayants. Le *rond* ou le *carré* absolus sont repoussés comme des éléments de mélancolie; on enjolive jusqu'aux clefs, jusqu'aux serrures, jusqu'aux marteaux de porte, jusqu'aux essuie-pieds. Telle eft l'Italie. Et quand elle eft trop pauvre pour sculpter, elle peint. Une maison qui ne signifie rien par son architecture positive & bourgeoise emprunte immédiatement au rose tendre une physionomie impertinente, qui passe aux yeux des touriftes prévenus pour profondément italienne. C'eft le dernier & suprême subterfuge de cette nation, qui voit venir avec effroi les entrepreneurs de maisons régulières & blanches, ceux qui ont obtenu les adjudications de la rue de Rivoli & du boulevard de Sébaftopol.

Le secrétaire & moi nous commençons à être embarrassés, lorsque d'une cellule nous voyons sortir, les mains pleines de flacons aux trois quarts vidés, un frère pansu & se balançant, qui s'étonne de notre présence & qui nous engage à redescendre avec lui. Nous suivons cet honnête sommelier, qui nous remet dans la voie de la chapelle, — une des plus somptueuses assurément qui soient en Italie. J'ai honte de contempler au pas de course ces chefs-d'œuvre qui ont coûté des exiftences & des siècles. Mais quoi? Fallait-il mieux ne pas les voir? Je préfère me condamner au regret éternel plutôt qu'à l'éternel désir.

Du couvent de Saint-Dominique nous allons à l'ancienne Université, tapissée sur tous ses murs & sur tous ses plafonds des armoiries de ses innombrables écoliers. Y a-t-il assez de sirènes, de chevaux fabuleux, de griffons, d'oiseaux armés, d'anges, de tours, de lacs, de flambeaux, d'aftres, d'épées, de palmes, de fleurs, de boules, de ruisseaux, de portes, de barques? — Certaines fresques contiennent de curieux trompe-l'œil, un peu puérils. — La bibliothèque, où l'on a placé le bufte du cardinal Mezzofanti, cet étonnant polyglotte, eft d'une magnificence d'ornementation, auprès de laquelle notre bibliothèque de la rue Richelieu a l'apparence d'une grange.

La voiture nous reprend pour nous conduire à la nouvelle Université. Seconde bibliothèque, moins brillante que la première. Un démonftrateur, fort intelligent du refte, me fait perdre un temps précieux dans l'examen du cabinet d'anatomie, — le plus renommé de l'Italie, à ce qu'il paraît. Il ne nous fait pas grâce d'une seule monftruosité.

— Regardez, nous dit-il avec complaisance, ces pièces de cire exécutées sur nature par une *dame* de Bologne.

Je regarde & je frémis ; cela, un ouvrage de dame ! Le musée Dupuytren n'a rien de plus hideux. Il m'amène presque de force devant un cas d'éléphantiasis.

— Le sujet se porte aujourd'hui à merveille, dit-il ; il eſt gaillard comme *vous* & moi.

Je cherche à gagner la porte ; mais le démonſtrateur me poursuit toujours ; il me tire par le manteau, &, le sourire aux lèvres :

— Monsieur, encore un cancer ! encore une petite hernie !

Bologne, 13 décembre.

C'eſt à Bologne que notre poëte comique Regnard (il avait alors vingt & un ans environ, & il voyageait par agrément) fit la rencontre d'une jeune dame provençale, qui exerça une grande influence sur sa deſtinée. Cette dame était mariée, & son mari ne la quittait pas d'une minute. Le futur auteur de *la Sérénade* la vit chez une marquise Angelini, qui donnait à jouer ; il parla, il fut écouté ; mais sa funeſte étoile voulut qu'il choisît juſtement le mari pour confident de sa flamme naissante. On devine si celui-ci fut prompt à emmener sa femme & à quitter Bologne. Le futur auteur du *Joueur* les suivit l'un & l'autre jusqu'à Rome, où il perdit leurs traces. Cependant, un soir qu'il se trouvait à un bal de l'ambassadeur d'Espagne, il fut accosté par un masque magnifique qui, contrefaisant sa voix, lui adressa quelques queſtions en italien, & lui demanda si, depuis qu'il était à Rome, il n'avait point donné dans quelque tendre penchant. Le futur auteur du *Diſtrait* répondit assez indifféremment; mais le masque le pressa davantage : — « Les beautés romaines n'ont-elles pas assez de charmes pour vous engager, & n'en eſt-il point qui égale celle que vous rencontrâtes à Bologne? » Vivement troublé, le futur auteur de *la Coquette* sentit un soupçon traverser son esprit; il allait répondre, lorsqu'une troisième personne s'approcha du masque & l'entraîna. Encore le mari ? Probablement.

Mais, cette fois, le futur auteur des *Folies amoureuses* parvint à découvrir la demeure de la belle Provençale & à s'introduire dans la place. Ses affaires prenaient le meilleur tour du monde, lorsqu'il reçut des lettres de France l'exhortant à revenir en toute hâte pour des motifs de la dernière importance. Il dut obéir; mais, en route, il tomba malade de chagrin; la fièvre le retint plusieurs mois à Florence. Enfin, très-faible encore, le futur auteur du *Légataire* prit passage, une nuit, sur un bâtiment anglais qui faisait voile pour Marseille. — Les deux premières personnes qu'il aperçut le lendemain matin, sur le pont, furent la Provençale & son mari.

On a trouvé dans les papiers de Regnard, après sa mort, quelques détails sur ces aventures : « Quand on jetait les yeux sur sa femme, dit-il, de Prade (c'eft le nom sous lequel il désigne le mari) entrait aussitôt dans des emportements terribles dont à peine était-il le maître; quand on les en retirait, il savait si bien qu'on était accoutumé à la regarder, que qui ne la regardait pas y entendait du myftère. » Cette situation embarrassante fut brusquement tranchée par l'intervention de deux corsaires turcs, qui donnèrent une chasse furieuse au bâtiment anglais. Dès qu'ils n'en furent plus qu'à une portée de canon, ces drôles se divertirent en arborant successivement les pavillons de divers pays : français, hollandais, vénitien, maltais, — & finalement l'étendard de Barbarie, coupé en flamme au croissant descendant. Ils accompagnèrent cette dernière cérémonie de l'envoi de toute leur bordée. L'Anglais y répondit dans le même dialecte. Le combat fut acharné, mais le résultat ne pouvait en être douteux, les deux corsaires étant armés chacun de quarante pièces. Après la mort du capitaine anglais, qui fut coupé en deux par un boulet, ce qui reſtait de l'équipage se rendit, ainsi que les deux époux & Regnard. C'était précisément le jour de la fête du futur auteur d'*Arlequin homme à bonnes fortunes.*

On sait comment ces trois personnes furent emmenées à Alger & vendues à des maîtres différents : — la femme au principal gouverneur de la ville, le mari à un marchand quelconque, & l'amant à un riche Maure, du nom d'Achmet-Talem. Ce fut le mari qui se vit encore le plus mal partagé. Le futur auteur du *Divorce*, s'il faut s'en rapporter à sa relation manuscrite, utilisa sa captivité à la peinture sur étoffes & même en bâtiment. D'un autre côté, les biographes contemporains, qui le tenaient pour un *grand faiseur de ragoûts* (c'eſt leur propre expression que je reproduis), rejettent cette version poétique & veulent qu'il ait été uniquement employé comme cuisinier auprès de son patron. J'aurai garde de prendre parti dans une queſtion de cette gravité. Peintre en bâtiment ou cuisinier, le futur auteur d'*Attendez-moi sous l'orme* demeura plus de deux ans en esclavage, tant à Alger qu'à Conſtantinople ; — on ignore pourquoi il a gardé un silence absolu sur les circonſtances de son séjour dans ce dernier lieu.

Il lui en coûta douze mille livres pour la rançon de la belle Provençale & pour la sienne. L'histoire fait même mention d'un valet de chambre à lui, qui fut compris dans le rachat; mais elle se tait impitoyablement sur le compte de l'époux. — Oh! Regnard! — Il a toujours prétendu que, s'étant enquis de cet infortuné, on lui avait répondu qu'il était mort de la peste. Quoi qu'il en soit, le futur auteur de *Démocrite* ne poussa pas plus loin ses informations, & se dépêcha de repasser en France avec sa maîtresse. Tout Arles fut aux fenêtres pour célébrer ce retour; pendant plusieurs semaines les régals & les parties de plaisirs se succédèrent à l'envi. Bref, ce roman marchait à grands pas vers son dénoûment naturel, — un mariage, — lorsqu'un événement auquel on était loin de s'attendre vint changer tout à coup la face des choses. Laissons parler l'auteur des *Ménechmes :*

« Zelmis (son pseudonyme galant) était un jour chez sa belle veuve avec quelques-uns de ses amis, quand un laquais d'Elvire vint avertir sa maîtresse que deux religieux, qui venaient d'Alger, souhaitaient lui parler. On les fit monter, & ils entrèrent dans la salle où était la compagnie, suivis d'un homme qui était en fort misérable équipage. La surprise de tous ceux qui étaient présents fut grande à l'abord de ces gens qu'on ne connaissait point; elle fut extrême quand on vit que cet homme si mal vêtu vint se jeter au col d'Elvire; mais elle fut telle qu'on ne la peut exprimer lorsqu'on remarqua que cet inconnu, après s'être détaché de ses violents embrassements, était de Prade. »

Cette fois, le futur auteur du *Retour imprévu* partit, — & il ne revint jamais.

Même jour.

Disons encore quelques mots de Bologne & des Bolonaises.

Elles se font remarquer par l'abondance & l'épaisseur de leurs cheveux noirs. C'eft comme un avant-goût de la campagne romaine. Elles sont petites. Chez elles, elles portent conftamment, en guise de manchons, une légère chaufferette de main.

Il y a à Bologne une rue des Orfévres, comme dans toutes les capitales; je m'attendais plutôt à y trouver une rue des Charcutiers; mais, en raison de leur grand nombre, ils sont disséminés partout. Le soir, leurs boutiques empruntent une couleur tout à fait fantaftique : qu'on se figure, dans la partie supérieure de chaque porte, un transparent éclairé à la façon des ombres chinoises, & étalant, en rouge sombre, des chapelets de saucissons, d'énormes tronçons de mortadelle qui font songer à des décollations de Saint-Jean, des langues à la chair serrée. Le reste de la devanture est plongé dans l'obscurité. Ces transparents vous arrêtent tous les quinze pas.

On me fait voir à l'hôtel Brun une chambre habitée autrefois par Pieri, un des auteurs de l'attentat de la rue Le Peletier.

Ce soir, départ pour Florence. — Les places dans la diligence & dans le courrier étant retenues plusieurs jours à l'avance, j'ai dû (mon temps étant compté) m'assurer d'une chaise de poste. Il est dix heures.

Le fouet du postillon m'avertit de descendre.

Florence, 15 décembre.

Honneur à ce mortel que la soif de connaître
Exile noblement du toit qui l'a vu naître !

C'est Millevoye qui s'exclame sur ce ton cadencé; vous auriez parié pour Delille, n'est-il pas vrai ? N'importe ; ma *soif de connaître* n'a pas été suffisamment récompensée dans le trajet de Bologne à Florence, & jamais je ne suis demeuré plus convaincu que je n'étais qu'un piteux *mortel*. Pour faire vingt lieues environ, il ne m'a pas fallu moins de vingt-deux heures; il eſt vrai que ces lieues se déroulent à travers les Apennins, qui sont bien les monts les plus capricieux & les plus revêches qu'on puisse souhaiter. Mais narrons avec méthode.

J'ai dit que j'avais quitté Bologne le 13 au soir, à dix heures; un repas confortable, arrosé d'un excellent *vino santo*, m'avait prédisposé au sommeil, & j'y cédai après les premiers ébranlements de la chaise de poſte. — Je dormis une heure à peu près; quand je me réveillai & que je mis la tête à l'une & à l'autre portière, j'étais enveloppé d'une clarté qui n'était pas celle de la lune, mais de la neige. En même temps, je me sentais, non pas emporté, mais doucement promené, mollement balancé; je me penchai en avant, & je conſtatai avec une expression ébahie que ma chaise de poſte était attelée de trois paires de bœufs. Oui, j'étais traîné par des bœufs, comme ces monarques indolents dont parle Boileau. Deux hommes les guidaient, marchant au pas & silencieusement. Quoique l'on m'eût prévenu du mauvais état des chemins, j'étais loin de m'attendre à une semblable lenteur de locomotion. Un frisson inconnu agita mes veines : je me demandai si je ne rêvais point, & si ce que je prenais pour des bœufs n'étaient pas des bêtes apocalyptiques me conduisant vers les nouvelles voies lactées. On sait que le spectacle continu de la neige a d'étranges actions sur le cerveau; les subissais-je à ce moment?

Au milieu de mon hallucination, la voiture s'arrêta; nous étions à la première poste. Le postillon & son acolyte frappèrent à ma vitre; je compris qu'il s'agissait de bonnes-mains à payer; mais alors nouvel embarras. En Italie, la monnaie change comme le dialecte, tous les dix kilomètres; en arrivant à Bologne, j'avais échangé mon or contre les baïoques pontificaux; maintenant il me fallait troquer mes baïoques pour des *paoli* toscans. Enfin, tout s'arrangea. Mais après le postillon & le guide, ce fut le tour du garçon d'écurie, — & cela ne s'arrêta plus qu'à Florence. J'essayai maintes fois de me rendormir; à chaque demi-heure, toujours le bruit d'un doigt à la portière, toujours un homme, ou deux, ou trois, en manteau marron & la main tendue.

Le fantastique devenait impossible dans de pareilles conditions. Je me condamnai donc à servir de trésorier à ces rustres pendant tout le temps qu'il plairait à la Providence. Mais que de malédictions en chemin! que de rages tantôt sourdes & plus souvent déchaînées! — Ah! l'on prétend que les voyages adoucissent l'homme &

le rendent tolérant, sensible, généreux. Il n'eſt pas de plus grave erreur que celle-ci. Les voyages, au contraire, métamorphosent & aigrissent à la longue les natures les meilleures & les plus pacifiques. Et comment pourrait-il en être autrement avec cet agacement sans trêve, résultant d'un changement quotidien de lit & de table, de température & d'idiomes! J'étais parti bon, prodigue; je reviendrai bourru, avare & impertinent, — impertinent surtout, car le bien-être en voyage ne s'acquiert qu'à force de menace & de bruit.

La nuit me sembla longue. Un inſtant je me souvins de la réputation siniſtre des Apennins, & je cherchai à l'horizon quelque silhouette de chapeaux pointus & de carabines; mais il était évident que les brigands étaient couchés. A ce propos, je fis pour la première fois la remarque que je n'avais de ma vie porté une seule arme, contrairement à tant d'individus qui ne peuvent faire un pas sans un poignard au côté ni dormir sans un piſtolet chargé sur leur guéridon. Mon insouciance me parut répréhensible sous plusieurs rapports; mais, sous beaucoup d'autres, je ne pus m'empêcher de plaindre les gens en proie à cette préoccupation conſtante de la défensive.

Eſt-ce que le plaisir qu'ils viennent de goûter

à une représentation de l'Opéra & des Italiens n'eſt pas effacé pour eux du moment qu'ils songent, en s'en revenant, à assujettir le cordon d'un casse-tête autour de leur poignet? De quelle poésie peuvent-ils s'abreuver sous les feuillages sombres, alors qu'ils brandissent leur canne plombée? Il y a des gourdins qu'on nomme plaisamment des *sorties de bal* & qui me gâteraient le bal lui-même. Sans compter que cette cohabitation continuelle avec des engins homicides doit pousser chaque soir à des réflexions du goût de celle-ci : « Allons! mon couteau catalan m'a encore été inutile aujourd'hui! » Et chaque matin : « Hein! comme j'éventrerais avec ceci l'homme qui viendrait m'attaquer! » Riantes perspectives! touchants regrets!

Au petit jour, nous n'avions fait que trois poſtes; la voiture traçait de plus en plus péniblement son sillon dans la neige; les bornes de la route étaient ensevelies, & il ne nous reſtait plus pour nous orienter que les poteaux du télégraphe électrique. Des espèces de cantonniers que nous rencontrâmes, la pelle à l'épaule & la figure ensanglantée par le froid & le vent, nous engagèrent à rétrograder, prétendant que nous allions trouver la tourmente à un demi-mille de là. Le poſtillon & le guide parurent hésiter; moi je ne desserrai pas les lèvres, voulant leur laisser leur libre arbitre & dégager ma part de responsabilité. J'avais l'air de dire : « Cela ne me regarde pas ; je ne suis pas de ce pays-ci. » Et nous continuâmes notre chemin.

Les cantonniers avaient dit vrai : des tourbillons s'élevèrent peu à peu, s'épaissirent & s'élancèrent sur nous avec furie. Plusieurs fois je sentis la voiture soulevée. Autour de nous il n'y avait ni ciel, ni terre, mais une danse de flocons épais dont l'atmosphère était noircie, & qui avaient pour orcheſtre les sifflements du vent. Nous fûmes trop heureux, au moment où la tourmente atteignait à un degré insupportable d'intensité, de nous adosser, bêtes & gens, à une masure improvisée sans doute d'un coup de baguette par les dieux protecteurs. Vingt minutes s'écoulèrent dans cette situation. Lorsque nous pûmes nous mouvoir sans péril, nous reprîmes avec une sage lenteur la route de Florence. — Ce qu'eſt en été cette partie des Apennins, je ne puis en concevoir aucune idée ; les fabriques y sont rares & d'une architecture qui ne sort pas de l'ordinaire. Aucun bourg intéressant en dehors de sa position. De loin en loin, un débit de sel & de tabac (*sale e tabacchi*) avec la croix de Savoie au-dessus de l'enseigne.

Vers midi, je crus devoir faire une halte copieuse dans une auberge située sur la hauteur. Avec quelle puissance de pantomime j'ordonnai à l'hôtelier de jeter une forêt dans la cheminée, & de grouper sur la nappe toute les victuailles de son garde-manger! Je suis convaincu que j'étais aussi précis, aussi technique en cette circonftance, qu'un dictionnaire italien; mon regard & mon gefte parlaient le toscan le plus pur. Bientôt je me vis en présence d'un incendie qui, en me grimpant aux jambes, m'enveloppa rapidement d'une somme de jouissances; presque aussitôt, je fus forcé de me retourner pour faire face à une gigantesque soupière, où nageait un onctueux potage ou *minestra* au riz, aux choux, aux pommes de terre & au céleri, — avec du parmesan râpé dans une assiette, — accompagné d'une immense omelette (l'omelette eft de tous les pays) & d'une carafe remplie jusqu'au goulot d'un vin noir. A cet aspect, j'oubliai mes désaftres &, l'appétit aidant, je trouvai même que les Apennins avaient du bon. — O lâcheté humaine!

Il fallut que le poftillon vînt m'arracher à cette Capoue; sans lui j'y serais peut-être encore, le dos au feu. Aussi fût-ce d'un air passablement maussade que je me réintégrai dans ma chaise de pofte, dont la paille glacée me faisait souvenir des cachots célèbres, & que je revis ces mornes étendues & ces sommets aveuglants de blancheur. Nature! que tes robes d'innocence sont froides!

La journée s'acheva comme elle avait commencé, si ce n'eſt qu'aux derniers relais nous en revînmes aux chevaux; alors la descente des Apennins s'effectua d'une manière assez satisfaisante. A sept heures environ, j'aperçus dans le lointain un bas-fond piqué d'une multitude de points lumineux. C'était Florence. Le cœur me battit, & mes yeux, ardemment fixés sur ce vallon qui tenait si peu de place dans l'immensité de la nuit, semblaient vouloir s'y précipiter. Nous n'y entrâmes cependant qu'à huit heures & un quart. — Je descendis *piazza Santa-Trinita*, à l'hôtel du Nord, à dix pas de l'Arno & à trente du Palais-Vieux. Comme je me récriais devant le propriétaire sur les vingt & quelques heures que m'avait coûté ce voyage, il me répondit : — « Ne vous plaignez pas trop, car la dernière diligence & le courrier arrivés ce matin ont mis trois jours & trois nuits à faire le même trajet! »

Florence, 16 et 17 décembre.

Je savais bien que l'enthousiasme n'était pas mort en moi & qu'il n'attendait qu'une occasion pour éclater & se répandre! Par quoi commencer? Par quel marbre, par quel or, par quel bronze! A quel grand nom & à quelle grande chose dois-je aller tout d'abord? Il n'y a qu'à ouvrir les yeux & à admirer. D'autant plus qu'il ne s'agit pas ici de s'extasier sur des ruines, sur des reftes de temple : tout eft jeune dans Florence, tout eft vivant, tout eft brillant. Et certes, il faut que cette ville soit bien admirable en effet pour resplendir ainsi par la boue, par la pluie, par le verglas, par le ciel gris & sale. J'ai vu Florence sans fleurs & sans soleil, & j'ai été ébloui. Qu'eût-ce donc été dans la *primavera*, alors que l'air tiède s'emplit de parfums & de bruits de cloches ?

Pourtant, si vous vous en souvenez, je m'étais bien promis de ne voir que les Italiens ; & voilà que l'Italie me prend tout entier, impérieusement, despotiquement. Le chef-d'œuvre s'attache de nouveau à moi & ne veut plus me lâcher ; le chef-d'œuvre n'admet ni politique, ni queftions sociales, ni révolution d'aucune sorte; il eft le chef-d'œuvre, — non pas celui qui se cache, orgueilleux & hypocrite, au fond d'un musée, mais celui qui s'étale à la clarté du jour, sur la place publique, au détour de la rue, qui s'appelle le Dôme, le Baptiftère, le Corps-de-garde des Lansquenets, qui saisit le voyageur au passage, le fascine comme le basilic, le pétrifie comme le sphinx. Philosophes & tribuns, méfiez-vous du chef-d'œuvre, le plus grand ennemi de l'Italie moderne !

Ainsi donc, me voilà retombé sous le joug de la pierre & des métaux. L'art ne rend point facilement sa proie, pas plus que l'Achéron. Êtes-vous contentes, ſtatues à l'immortelle pâleur ? me voilà ramené à vos pieds, plus amoureux que jamais. Toiles rayonnantes, maîtres sublimes qui sembliez avoir épuisé mon admiration, vous avez reconquis votre esclave !

Ma première visite a été pour le Palazzo-Vecchio, le point central de Florence. Une foule d'hommes couvrait la place, du côté de la poſte, dont les guichets s'ouvrent en plein air, — singularité que les employés doivent déplorer en cette saison. Etait-ce une bourse ou un marché qui se tenait là ? je l'ignore. Un individu, hissé sur une calèche, vantait & débitait je ne sais quel spécifique, avec cette abondance de geſtes & de paroles commune aux charlatans de toutes les contrées. On comprend que je ne m'arrêtai guère à l'écouter. Mes yeux étaient cloués sur le palais des Médicis.

Eſt-ce un palais ? eſt-ce un château-fort ? eſt-ce un beffroi ? Voilà ce qu'on se demande au pied de ce Palazzo-Vecchio, masse crénelée, qui eſt égayée cependant par une ceinture de blasons peints, aux couleurs éclatantes. — La place sur laquelle il eſt situé pourrait s'appeler la place aux Statues : Michel-Ange, Bandinelli, Jean Bologne, Benvenuto Cellini, s'y coudoient fraternellement sous un ciel qui (je parle par ouï-dire) n'a pas de rival. Je ne puis particulièrement détourner mes regards du Persée de bronze, qui se détache avec tant d'élégance sur les marbres environnants ; c'eſt bien là une ſtatue d'orfévre, fine & dure, mais animée de tous les caprices & de toutes les passions de son extraordinaire auteur.

Je reviendrai sur cette place, j'y reviendrai tous les jours, — & c'eſt à force de répéter cette parole que je parviens à m'en arracher. Le parapluie en tête (ô douleur ! ô profanation !) je me rends à la cathédrale par une rue droite & assez longue, percée de magasins à la moderne, & qui a cela de particulier qu'elle ne laisse rien soupçonner des magnificences auxquelles elle aboutit. — Des magnificences ? eſt-ce le mot exact pour rendre l'impression produite par l'aspect soudain du Dôme de Florence ? Ne conviendrait-il pas mieux de qualifier d'éblouissantes coquetteries ces efforts suprêmes de la mosaïque appliquée à la grande architecture ? En vérité, cette église bleue, rouge, violette, jaune, verte, ressemble à une fleur gigantesque ; & je conçois l'effet auquel elle doit atteindre sous les rayons du soleil, qui eft décidément l'aftre indispensable de l'Italie.

L'intérieur du Dôme ne répond pas à l'extérieur : c'eft nu, c'eft froid, relativement surtout à un pays où l'on a l'habitude d'étouffer les moindres chapelles sous une abondance proverbiale de peintures, de reliefs & d'or. Quels peuvent avoir été les motifs de ce contrafte ? Manque de ressources ou manque d'artiftes ? Cette dernière supposition n'eft guère admissible : les artiftes n'ont jamais manqué à ce sol privilégié ; ils y poussent en plein champ. Je consulterai les livres...

Après une dernière & lente promenade autour du Dôme & de son Campanile, je tombe en arrêt devant le Baptiftère, leur voisin. Le Baptiftère était autrefois protégé de fossés ; les fossés ont disparu, mais l'eau eft reftée sous les apparences de la neige & de la boue, & le Baptiftère eft aussi protégé qu'auparavant. Cependant, comme je ne peux pas me contenter de l'admirer à diftance, je me décide à me frayer un chemin à travers ce lac d'immondices ; j'y réussis à peu près ; — mais, pour entrer, c'eft une autre affaire. Une heure se passe à cette tentative, une heure délicieuse, il eft vrai, car c'eft volontairement que je refte l'œil collé sur les portes incomparables de cet édifice. Mes pieds se mouillent, mais cela m'eft égal ; je m'enrhume en m'extasiant. « Tu n'iras pas plus loin ! » semblent me dire les adorables sculptures de Ghiberti. Et en effet, devant ce Baptiftère si bien défendu par ses portes, j'hésite, je me demande s'il ne vaut pas mieux m'en retourner plutôt que de tomber du haut de mes sensations. Puis-je voir quelque chose de plus miraculeux ? Évidemment non. Alors imitons ces sages touriftes qui reftent en vue de Conftantinople & qui s'en retournent sans être descendus à terre.

Ainsi dis-je, en un soliloque plein de poésie, & puis, comme j'ai l'habitude de m'écouter moi-même encore moins que je n'écoute les autres, j'entre dans le Baptiftère. Pour cela, je soulève une de ces horribles draperies que l'on retrouve dans toutes les églises italiennes, où elles masquent intérieurement les portes, haillons fangeux, humides, faits de mille pièces, qu'une main même gantée ne saurait toucher sans être salie, & dont il faut pourtant subir le contact, à moins de ne jamais pénétrer dans ces musées divins. Puissent ces lignes véritablement indignées, aider à la suppression de ces abjects rideaux, durables comme des préjugés, sordides comme l'avarice !

Au fond, je ne suis pas fâché d'avoir vu l'intérieur du Baptiſtère, qui, celui-ci, eſt surchargé de fresques, de moulures, d'eſtrades...

Ces trois visites, — au Palais-Vieux, à la cathédrale & au Baptiſtère, — ont fait de moi une espèce d'homme ivre ; je marche en chancelant dans les rues ; j'ai des étourdissements & des éblouissements ; je me heurte aux passants, d'un air effaré; il me reſte à peine la conscience de mon être, & je ne ferais aucune objeƈtion à la personne qui essayerait de me persuader que je suis devenu tableau ou ſtatue. Néamoins, deux heures venant à sonner, le sentiment d'un jeûne infiniment trop prolongé me rend peu à peu à moi-même ; j'entre dans le premier café aperçu, &, afin de ne pas compromettre l'avenir de mon dîner, je me contente d'une tasse de chocolat & d'un verre de rosolio rouge (le rosolio, une spécialité florentine, comme l'alkermès). Cette formalité remplie, plus rassis, je me retrouve au grand air, fidèle à mon parapluie comme M. Sainte-Beuve. Où irai-je ? La galerie des Offices ferme à trois heures ; d'ailleurs, je suis à bout d'enthousiasme pour aujourd'hui : j'ai dépensé ce que j'avais, & jusqu'à ma réserve.

Allons au hasard ; c'eſt la meilleure manière de voir & de s'inſtruire ; errons à travers l'inconnu ; que tout devienne pour moi conquête &

révélation. Sterne & Henri Heine n'ont jamais voyagé autrement ; ils s'arrêtaient sur les ponts, sous les auvents des boutiques ; ils restaient, bouche béante devant une enseigne, une cage, une fenêtre, une robe enflée par le vent. Ils oubliaient l'histoire qui ne les oubliera pas, eux. Ils étaient personnels, rien que personnels, tantôt avec un abandon réel & une grâce ignorante d'elle-même, d'autres fois avec un ardent vouloir d'esprit ; & par là ils ont bien effrayé les innocents flâneurs à leur suite, les naïfs chasseurs d'imprévu. Pour ma part, leur souvenir m'arrête court toutes les fois qu'oubliant le lecteur, — invisible & solennelle pluralité ! — je me sens prêt à laisser *flotter les rênes* sur les pacifiques coursiers de ma rêverie. Personnel ! & de quel droit ? par quel titre ? Essayez donc de causer avec un sansonnet ou de vous attendrir sur un marchand de tartelettes, avant d'avoir écrit le *Voyage sentimental !* Osez parler de la couleur de vos pantoufles & de vos souffrances d'amour sans avoir signé l'*Intermezzo* & les *Aveux d'un poëte !*

Ah ! j'ai fréquemment & bien méchamment regretté, je m'en accuse, que ces deux charmants esprits (à qui il a manqué si peu de chose pour être de tendres âmes) fussent venus au monde avant moi. Combien ils me gênent dans le peu que j'ai à dire ! Combien ils me semblent se railler à l'avance de ce que je vais tracer dans ma bonne foi & mon désir de bien penser ! Ils hochent la tête tous les deux, en ayant l'air de s'écrier : « Ce n'eft pas neuf ! nous avons écrit la même chose il y a dix ans, il y a vingt ans, il y a cent ans ! »

Eh bien ! tant pis, à la fin ! Sterne & Henri Heine ne m'empêcheront pas de me promener & d'écrire à la française, — tout Anglais & tout Allemand qu'ils soient ! Qu'eft-ce que je fais, après tout ? je suis sur mon domaine, tandis que ces deux étrangers ne doivent peut-être qu'à leur transplantation en France l'agréable & vif parfum de leur génie. Qui ne sait que les orgueilleuses vignes du Johannisberg proviennent des ceps de notre Bourgogne ?

Et puis, tout bien considéré, je ne peux pas être autre chose que personnel. De quelle façon m'y prendrais-je pour être autrement ? Un pays, une ville veulent être habités au moins quelques mois durant, avant de livrer le secret de leurs habitudes, de leurs mœurs, de leur physionomie sociale. Volney réside trois ans en Égypte & en Syrie, avant d'écrire *les Ruines*. Moi, je passe, je regarde & je m'en vais. — Il eft impossible, assurément que ce procédé soit le meilleur, mais eft-ce à dire pour cela que je doive me taire absolument ? Tant de braves gens voyagent de la sorte, avec la même rapidité & le même manque de loisir ! Pourquoi ne trouveraient-ils pas dans le livre d'un littérateur aussi pressé qu'eux l'écho de leurs impressions fugitives (1) ?

En errant ainsi, — je rencontre une foule inaccoutumée dans les rues, aux balcons, sur le perron des églises. Je m'informe, & l'on me répond que c'eſt aujourd'hui l'enterrement du prince Corsini ! Le cortége va passer. Pauvre prince Corsini ! Nos soldats ont pu le voir l'année dernière, au camp, gros, gras, fleuri ; il appartenait à une des plus importantes familles toscanes, & il avait été ambassadeur à Londres. — Je prends rang comme tout le monde, & j'attends le convoi. Je remarque la même absence de recueillement chez le peuple florentin que dans nos multitudes parisiennes, pour lesquelles, cérémonie funèbre ou revue, tout eſt motif de diſtraction. Enfin, les sons d'une marche religieuse se font entendre ; on se range devant les chevaux des carabiniers au manteau doublé de rouge, & j'assiſte à un interminable défilé de gardes nationaux.

C'eſt vers l'église de Santa-Croce que s'ache-

---

(1) Eh mais ! eſt-ce que cette page ne peut pas être considérée comme la préface de mon livre ?...

17 août 1865

mine le convoi du prince Corsini. Nouveau désappointement : la vue de Santa-Croce m'eft complétement & doublement interceptée, d'abord par des échafaudages qui masquent la façade, ensuite par des tentures qui voilent les échafaudages ; mais je sais que l'intérêt de ce monument n'eft pas à l'extérieur. Ayant devancé le cortége, je monte au milieu de la foule les marches de Santa-Croce : on vient de tirer les rideaux & d'allumer une innombrable quantité de cierges. Je diftingue, à travers cette lueur d'or, les tombeaux de Galilée, de Michel-Ange & de Machiavel, — ainsi que les monuments élevés à la mémoire de Dante, d'Arétin, de Raphaël Morghen, d'Alfieri, de Lanzi & de quelques autres illuftrations plus modernes dont je ne retrouve pas les noms. On me heurte, on me bouscule ; le convoi du prince Corsini fait invasion dans l'église.

18 décembre.

Je me suis présenté ce matin chez M. Le Monnier, éditeur. Ses magasins sont situés au fond d'une cour. Il a une imprimerie qui ne fonctionne que pour lui. M. Félix Le Monnier eft européennement connu. Son nom eft attaché depuis plus de vingt-cinq ans à toutes les publications qui ont ému & secoué l'Italie : Léopardi, Giordeni, Giufti, Gualterio, les poëtes & les philosophes, les savants & les hiftoriens, les hommes de sentiment & les hommes d'action, même les hommes d'esprit, il a tout édité & il édite tout encore. Et c'eft un Français, je suis glorieux de le conftater ; — c'eft dire qu'il édite aussi des livres français.

M. Le Monnier a une activité ou plutôt une assiduité peu ordinaire. A la fin de cette première visite, comme je m'informais des heures où on le trouvait dans son cabinet : « Toujours! » me répondit-il. M. Le Monnier, en effet, arrive chaque matin à huit heures à sa librairie, pour n'en sortir qu'à onze heures ; à peine s'il s'absente une heure pour son dîner. Voilà comment on fait fortune. — Hélas !

Même jour.

Entrons au palais Pitti. Je commence par les jardins, malgré l'état atroce des allées ; la ville m'apparaît sous divers points de vue plus ravissants les uns que les autres, en dépit de tout. — Imperturbable triomphe du gracieux!

Le palais me frappe moins ; je m'habitue trop aux palais. De même que les gardiens ont un certain air d'indifférence à dire vingt fois par jour : « Ceci a coûté tant de millions, » de même, à mon tour, j'ai contracté une façon particulière de répondre dans un bâillement : « Ah ! ah ! » En outre, on marche difficilement sur les pavés de mosaïque.

Il y a neuf mois, le palais Pitti était encore la résidence du grand-duc Léopold II. On sait de quelle manière grave & pacifique s'effectua le départ de ce souverain, qui se refusa jusqu'à la dernière heure à toutes les concessions que lui demandait la nation toscane. — Une file de voitures traversa lentement Florence le 27 avril, à midi, au milieu d'une multitude immense, mais muette, calme, immobile ; ces voitures prenaient la route des États-Romains. Jusqu'aux frontières, elles rencontrèrent dans les populations accourues sur leur passage le même mutisme & la même dignité.

A présent, les appartements déserts du grand-duc Léopold sont ouverts aux visiteurs avec leurs richesses intimes ; deux ou trois domestiques ferment chaque soir les volets des hautes fenêtres. Le silence des révolutions accomplies règne dans cette demeure.

19 décembre.

Un de mes bons camarades, le sculpteur Aimé Millet, m'a donné, lors de mon départ de

Paris, une lettre pour le signor Cavalucci, un des conservateurs de la galerie des Offices (*Uffizi*). Je vais la porter à midi ; — & je trouve en M. Cavalucci, comme j'en avais été prévenu, un jeune homme plein de science & d'aménité, qui me fait les honneurs de son paradis.

Mes pas résonnent donc pour la première fois dans cette *Tribune*, le saint des saints de l'art, & où il eft convenu de ne pénétrer qu'avec un religieux frémissement ! Le frémissement, — je l'éprouve & je ne cherche pas à me le dissimuler, mais je le sens se dissiper en partie à l'aspect de cinq ou six chevalets, — & d'autant de copiftes amateurs, — plantés indiftinctement, qui devant la *Fornarina* de Raphaël, qui devant la *Madone* d'Andrea del Sarto, qui devant la *Sainte Famille* de Corrége. Ces chevalets & ces amateurs, vous les retrouverez partout, dans tous les musées du monde, vous masquant tous les chefs-d'œuvre, parfois même vous regardant d'un air courroucé & semblant se plaindre de ce que vous les troublez dans leur travail. Encore si leur travail n'était pas le plus souvent un sacrilége & une caricature !

Ai-je une opinion bien arrêtée & bien nette sur la *Vénus de Médicis* & sur quelques autres joyaux de la *Tribune ?* Je ne crois pas. — Ajournons donc mes impressions individuelles, toutes confondues d'ailleurs dans un vaste sentiment d'admiration...

L'école française est bien maigrement représentée dans la galerie des Offices. — Je ne dis pas cela pour M. Ingres, qui a envoyé généreusement son portrait l'année dernière.

M. Cavalucci, qui veut me guider dans toutes les salles, m'épargne, par ses érudites explications, huit jours de pèlerinage à ce temple, lequel d'ailleurs ne vaut quelque chose que par ses dieux, car il me paraît chétivement orné & sans ampleur. Trois heures se passent pour moi dans un éblouissement continu, qui ne laisse pas que de comporter une grande fatigue morale & physique. Je m'imagine un moment que ma tête a acquis des proportions considérables; &, même dans la rue, je vois encore tourbillonner devant moi & au-dessus de moi des Judith, des Holopherne, des Vierges au chardonneret, au lézard, à la chaise, au poisson, des saint Jean, des saint Pierre, des Vénus, des Mars, des anges, des prophètes, des apôtres, sans compter une nuée de petits amours « cravatés d'ailes, » qui semblent m'escorter jusqu'à mon hôtel du Nord.

20 décembre.

Le théâtre de la Pergola est fermé. A cette époque de l'année, c'est inconcevable ! Je n'aurai donc ni chant ni danse à Florence. — Reſtent les théâtres del Cocomero & Nuovo, & j'y songe bien ; mais la seule lecture de l'affiche qui annonce une tragédie sur les Gracques éteint en moi toute curiosité dramatique. Je me rabattrai sur les cafés. — Qui dit les cafés ici, dit le café Doney. On tâche beaucoup de m'en faire admirer la décoration, qui eſt absurde comme celle de tous les cafés européens. Il y a des divans pour les fumeurs, & un salon pour les femmes, tout or, glaces & damas rouge. La demi-tasse coûte trois sous environ ; les granits pas davantage. Quant aux allures des habitués, elles sont absolument les mêmes qu'en France : un mot, en entrant, à la dame du comptoir ; des poignées demain distribuées de table en table ; le garçon qu'on appelle par son petit nom ; la bouquetière qui s'avance : — une fleur offerte, une gaillardise rendue ; — un regard promené négligemment sur l'*Indépendance,* suivi de quelques bâillements de bon goût. Ce n'eſt pas plus italien que cela. — Les étrangers, eux, demandent le *Moniteur de Toscane,* journal officiel, ou la *Nazione,* journal officieux, ou bien encore le *Risorgimento.*

J'ai entendu dire : « La Toscane eſt la Gascogne de l'Italie. » Il ne m'eſt guère aisé, en un si court séjour, de conſtater la vérité ou du moins la vraisemblance de cette assertion, qui a bien l'air d'une épigramme. Prétend-t-on avec ce mot railler les Toscans sur leur excès de courtoisie, sur les caresses de leur langage; ou, saisissant le côté le moins flatteur de la comparaison, a-t-on voulu insinuer qu'ils sont plus prodigues de paroles que de faits? La nuance m'échappe et doit m'échapper en effet. Du petit nombre d'observations qu'il m'a été donné de recueillir, j'ai pu conclure que les Florentins aiment à *paraître*, c'est-à-dire à faire montre de leur esprit, de leur distinction & même de leur richesse; mais à la surface élégante de toute grande ville, ne trouve-t-on pas ce léger défaut, plus ou moins caractérisé, selon les latitudes?

ANVERS

Je suis allé dîner, dimanche dernier, à Anvers.

Parti bien doucement de Bruxelles par le train d'une heure & demie, je suis arrivé à Anvers avant trois heures.

Le jour éblouissait. Afin de trouver un peu de fraîcheur, j'ai gagné les quais de l'Escaut par le Canal-au-Beurre, & j'ai pris passage sur le bateau à vapeur qui fait toutes les demi-heures la traversée de la Tête-de-Flandres.

La Tête-de-Flandres eſt un village assis jusqu'au cou dans un marécage, & qui donne une idée juſte des villages humides de la Hollande.

On y mange des boutures d'anguilles aux herbes vertes. On y boit aussi du *bonnedekamp* en guise d'apéritif. Le *bonnedekamp* eſt un liquide amer, dont on jette quelques gouttes dans un petit verre de *schiedam,* & qui tire son nom de son inventeur ou de son préparateur, Bonnedekamp. — Eſt-ce bon? Je ne m'en suis pas mal trouvé.

De la Tête-de-Flandres, & particulièrement du cabaret *aux Trois Cochers,* on aperçoit tout Anvers, avec ses toits couleur de rouille, avec les clochers de ses églises & les mâts de ses navires. C'eſt un point de vue joli en tout temps, & dont le charme se doublait pour moi, ce jour-là, de la pureté du ciel, du soleil éclatant & de l'heureuse disposition d'esprit où je me sentais.

Après avoir repris le bateau, je me suis fait conduire en voiture, — une voiture dont la caisse était peinte en carmin, — aux anciennes portes de la ville, conſtructions carrées et massives, d'un curieux caractère. On parle de les démolir; cela serait regrettable; elles ne gênent personne, & elles ajoutent au pittoresque d'Anvers. Mais les villes, qui s'enorgueillissaient autrefois de leurs physionomies diſtinctes, ne tiennent plus aujourd'hui qu'à se rassembler entre elles.

Cela eſt si vrai que mon cocher a voulu à toute force me faire traverser le nouveau Jardin public. J'ai vainement essayé de résiſter : il s'était exprimé jusque-là en français; il s'eſt mis à

me répondre en flamand, pour me convaincre.
Le jardin anversois eſt cet éternel jardin anglais
que toute ville, grande ou petite, met sa vanité
à posséder. Le nouveau, c'eſt le beau.

La chaleur étant tombée, j'ai pu congédier
mon cocher & me promener à pied par les rûes
& par les places. La ville était un peu déserte à
son centre, ainsi qu'il arrive partout le dimanche. Je suis allé pendant une heure environ, au
hasard, bayant aux vieilles maisons espagnoles,
m'extasiant devant le puits-bijou, rendant aux
passants la curiosité qu'ils me témoignaient, me
retournant pour suivre du regard une femme
couverte de la *faille* locale, souriant aux miroirs
qui garnissent le bord des fenêtres, pensant à
Rubens & au maréchal Gérard, — & surveil-
lant les progrès de mon appétit.

On mange assez bien au *Rocher de Cancale*,
près de l'ancienne Bourse, où j'ai dîné. Je re-
procherai pourtant aux garçons de service une
triſtesse désespérée, & que rien ne juſtifie. Ils
apportent les plats, ils débouchent les bouteilles
avec un maintien conſterné, une expression lugubre, voisine du remords, & qui finit insensiblement par gagner le consommateur. On a l'air
de prendre son dernier dîner. J'avais une larme
dans l'œil au dessert. Je suis loin certainement
de réclamer la turbulence, souvent familière, des

garçons français; mais je n'entends pas non plus être servi par des gens affligés, quelque suprême diſtinction qu'il y ait à cela.

J'étais attendu le soir avec deux amis, M. P. M... & M. Arthur Stev..., pour prendre le thé chez M. H. Leys, le célèbre peintre belge.

Nous fûmes introduits dans une habitation somptueuse : large veſtibule, salons élégants, serre, bibliothèque, tout le luxe & tout le confort. Voilà comme le talent devrait être toujours logé !

La salle à manger, du plus haut ſtyle, emprunte sa principale décoration à une grande fresque du maître de la maison, représentant un cortége du seizième siècle qui se rend à la fête nocturne de Noël. C'eſt une résurrection complète, gaie, magnifique.

L'hospitalité de la famille Leys eſt elle-même comme un ressouvenir & comme un parfum des vieilles Flandres. Un inſtant, dans le fauteuil sculpté qui m'avait été offert, j'ai perdu absolument le sentiment de ma nationalité : je me croyais un de ces personnages archaïques dont les robes brunes ou rouges se détachaient si vivement sur la muraille. Pour le coup, j'étais certain d'être à Anvers !

Dans cet ordre d'idées, une excursion aux

bassins par la nuit claire d'étoiles, devenait indispensable. Cette partie de la ville était remplie de monde. Devant les tavernes s'allongeaient des rangées de tables. Chacun, homme ou femme, avait à côté de soi un verre de bière, — cela va sans dire, — & une poignée de crevettes grises. A Anvers, on mange des crevettes à toute heure, sous tous les prétextes, sans prétexte, à jeun, avant & après dîner, comme on fait des olives en Provence. Je n'ai pas mangé de crevettes, mais j'ai bu de la bière au milieu d'une population tranquille, s'amusant sans rire, & écoutant, les yeux sur l'eau du fleuve, les musiques ambulantes qui abondent dans ce pays.

A minuit, j'étais de retour à Bruxelles.

LONDRES

Je demeure depuis huit jours dans Temple Bar, à quelques pas de la porte de la Cité. — C'eſt assurément un des endroits les plus bruyants de Londres & celui qui, pour l'affluence des voitures, me rappelle le mieux l'embouchure de la rue Montmartre. Là, tous les matins, un interprète, que les directeurs de l'Orphéon ont bien voulu attacher à la personne de quelques représentants de la presse parisienne, vient frapper à ma porte & me dire :

— Allons, monsieur, levez-vous ; on vous attend pour déjeuner & pour aller au Palais de Criſtal.

Les deux premiers jours, je me suis montré assez obéissant : je me suis levé, j'ai déjeuné & je me suis rendu au Palais de Criſtal.

— Faites-vous partie de la *Société chorale*

de Ruffec? m'a demandé, à l'entrée de la grande salle, un de mes compatriotes pavoisé de rubans & de glands d'or.

— Parbleu ! ai-je répondu.

Puis, j'ai été me faire raser, auprès de la maison dite maison de Pompeï.

En sortant de chez le barbier, un individu habillé de noir m'a offert un papier imprimé. Croyant à quelque annonce de chapellerie, j'ai refusé. Il a insifté avec une nuance suppliante. C'était un morceau de littérature intitulé : *le Vieillard à l'hôpital,* & publié par la Société des Traités religieux. — J'ai mis le papier dans ma poche, car la foule arrivait pour le premier concert des trois mille chanteurs français, — une foule composée d'éléments très-divers, calme dans sa curiosité, mais d'une attitude relativement bienveillante & même souriante. Il n'y avait que des toilettes de ville.

Sur l'amphithéâtre des exécutants, disposé en immense éventail, je remarquai plusieurs poteaux plantés à diftances égales & portant ces noms : Cossé, Saint-Bris, Tavannes, Méru, etc.; d'où je conclus qu'on exécuterait le septuor des *Huguenots.* — En attendant, m'étant assis à l'écart, je me pris à lire le commencement du *Vieillard à l'hôpital :* « Un jour que j'étais allé visiter un homme à l'hôpital de la ville voisine, on me dit qu'il y avait dans la maison un bon vieillard qui avait une plaie dangereuse à une jambe, & qui serait bien heureux de me voir. L'infirmier me conduisit dans sa chambre, & je l'y trouvai seul & couché. Sa figure vénérable portait l'empreinte de la sérénité *& même de la joie...* »

Trois jeunes Anglaises vinrent en ce moment s'asseoir auprès de moi ; une d'elles était si jolie que j'en reſtai bouche béante. — Où avait-elle été chercher ses cascades de cheveux blonds ? A quel séraphin de vignette avait-elle dérobé l'idéal velours de ses yeux ? Je croyais avoir devant moi la ſtatuette de la Poésie. Un teint semblable ne me semblait pouvoir être obtenu que par l'emploi fréquent d'une limonade, composée avec *les Amours des anges,* de Thomas Moore, & *le Lac,* de Lamartine, édulcorée de quelques mélodies de Schubert. Plus tard, on m'a dit que cette fraîcheur incomparable était sinon obtenue, au moins entretenue par un usage discret de l'arsenic sous un assez grand nombre de formes.

— Au diable les tueurs d'illusions !

On ne s'attend pas, je pense, à trouver ici un compte rendu exaɕt & raisonné de ce concert, non plus que de ceux qui l'ont suivi. J'aime la musique comme le créole aime le hamac, voilà tout. Quant à prononcer entre *les Enfants du*

Jura & *les Vénitiens de Bayeux,* entre *la Lyre toulousaine* & *le Rebec de Condé-sur-Noireau,* adressez-vous à de plus compétents que moi.

Je me dispenserai également de donner la suite du *Vieillard à l'hôpital*, qui eſt sans conteſte une œuvre pleine de morale & d'onction, mais écrite dans un ſtyle qui n'a encore été annexé à aucune grammaire.

J'aime la rue — autant que Laurent Sterne, dont je viens de voir le portrait & l'écriture au British Museum. La plaie des rues de Londres en ce moment, ce sont les chanteurs américains, ces faux nègres qui chantent avec mille contorsions, en s'accompagnant d'inſtruments en bois. — Après les chanteurs américains, il convient de classer immédiatement les cartes de visites photographiques, qui obscurcissent de leurs petits nuages bruns ou blonds les vitres de tous les papetiers. Entre tous, le portrait d'une actrice, Lydia Tompson, en coſtume de page, se reproduit à l'infini; sa figure eſt bien; ses jambes sont mieux.

Les beaux homards que je vois dans la rue! Non pas qu'ils soient extrêmement gros, mais leur couleur eſt si riche qu'on les croirait *repas-*

sés par un peintre. Ils reposent au milieu d'opulentes laitues d'un vert tranquille. — Chose étrange ! la plupart des marchands de comestibles donnent non-seulement à manger & à boire, mais encore à coucher. Sur les panneaux de leur devanture & sur leurs lanternes extérieures, on lit : *Good beds* (bons lits). — Ne cherchons pas trop à approfondir ce myftère.

Dans une petite rue, parallèle au Strand, étroite & obscure, se tiennent les librairies équivoques, les marchands d'estampes coloriées, les bouquiniftes. Je m'approche d'une vitrine & je lis les titres de ces livres français : *Félicia, ou Mes Fredaines, le Cadran de la Volupté, les Bijoux indiscrets, les Extases de l'Amour, Hic & Hæc, ou l'Élève des jésuites d'Avignon,* etc., tout un répertoire aphrodisiaque, en éditions du dix-huitième siècle. On ne se gêne pas dans ce coin de Londres ! L'ouvrage de fond, en ce genre spécial, me paraît être un volume intitulé : *Fanny Hill;* il se retrouve à tous les étalages & il coûte une guinée ; seulement il eft hermétiquement enveloppé & ficelé ; il faut l'acheter sans l'ouvrir, — *de confiance,* comme nous disons chez nous. Ce n'eft pas que je manque de confiance, mais une guinée me semble pouvoir être mieux employée. Je quitte donc cette ruelle, qui continue paisiblement la tradition de notre ancienne galerie de bois, au Palais-Royal. Pour en revenir à l'écriture de Sterne, c'eſt une écriture toute moderne, haute & penchée, élégante & rapide, ni trop maigre ni trop grasse.

— Allons, monsieur, levez-vous ; on vous attend pour déjeuner & pour aller au Palais de Criſtal.

Cette fois, ayant appris qu'il devait y avoir quatre concerts, je laisse dire mon interprète, & je crois pouvoir sans inconvénient disposer de ma journée. Juſtement *le temps eſt beau pour la saison,* comme s'exprime le gendarme célèbre de M. Nadaud : il ne pleut que toutes les demi-heures, — occasion excellente pour voir la Tamise ; je ne la laisse pas échapper : un bateau à vapeur, clapotant dans la brume, m'emporte vers Cremorne-Garden.

Les bords de la Tamise sont siniſtres : pas de quais ; des bateaux noirs amarrés à des poteaux fangeux ; parfois une tentative de verdure au-devant d'une maison sans fenêtre, c'eſt-à-dire deux ou trois arbres qui semblent garder un cimetière particulier. Au printemps, ces arbres doivent se pencher les uns vers les autres, en murmurant : « Frères, il faut fleurir ! »

Au bout de quelques minutes, me voici à Cremorne-Garden, une jolie guinguette, où une fête en l'honneur des visiteurs français eft annoncée pour jeudi. — En m'en revenant à pied, le long de l'eau, tous les petits polissons me poursuivent en faisant : *Coi, coi, coi !* — C'eft la vieille plaisanterie de John Bull contre Jean Crapaud qui se continue. Jusqu'à la fin des âges, nous passerons pour nous nourrir exclusivement de grenouilles. — Un peu plus loin, des petites filles dansent, en me précédant, une ronde arrangée sur l'air de *Malbrouck*. Tous ces enfants de la misère ont, sous leur crasse & leurs haillons, des traits charmants, des yeux pleins de vie, des dents brillantes, des membres souples dans leur maigreur. Ils passent leur temps à faire la roue devant les passants, à marcher sur la tête. Un regard des policemen les met en fuite, mais ils reviennent à la charge en sautant, riant & tendant la main. Cela doit devenir de rudes matelots. Nos gamins à nous ne savent que geindre ; ils n'ont aucune invention dans leur mendicité, — & ils se réfugient sous les portes quand il pleut.

Je sortais, avec M. Vaudin, d'un café chantant, compliqué d'une exposition de peinture. Il pouvait bien être minuit & demi ; la nuit avait une clarté bleue. Nous nous trouvâmes, sans trop savoir comment, devant le palais de Westminſter, &, bien entendu, nous nous arrêtâmes pour admirer cette gigantesque dentelle. — Un homme qui était là fumant un cigare vint à nous, &, après nous avoir examinés, nous dit, sans trop d'accent :

— Vous êtes Français, messieurs ; moi, je suis membre de la Chambre des communes ; vous plaît-il d'assiſter à une séance de nuit ?

Nous remerciâmes en acceptant. L'honorable gentleman nous conduisit lui-même à travers les dédales du palais illuminé à outrance. Je fus particulièrement frappé du jour factice qu'un plafond en verre dépoli, éclairé par dehors, envoyait à la salle des Communes ; on se serait cru en plein midi. La séance était assez animée : il s'agissait de pêche à la morue.

Ensuite, nous parcourûmes la bibliothèque & nous fîmes une halte sur la terrasse, — d'où le point de vue, à cette heure, était d'un fantaſtique & d'un *noyé* à tenter le crayon d'un autre Raffet. Notre aimable guide avait une conversation très-attachante. Étant reſté en arrière un inſtant, je m'enquis de lui à un huissier : il me nomma lord Bruce.

A mon second voyage au Palais de Criſtal, j'ai reçu, dès l'entrée, un grand pli émanant encore de la Société des Traités religieux, & contenant : 1° une pièce de vers sur la prière ; 2° les Mémoires de Jean Woolman ; 3° des Pensées sur l'importance de la religion. — La veille, à la porte d'Exeter-Hall, une dame avait déjà bourré mes poches d'une Bible & d'un Nouveau-Teftament.

On m'a affirmé que le zèle des réformiftes était poussé si loin, qu'il atteignait quelquefois aux dernières limites de la candeur. On prétend qu'ils vont chercher non-seulement les pécheurs, mais aussi les pécheresses, jusqu'au fond de l'abîme. Par exemple, il n'eft pas rare (je parle toujours par ouï-dire) qu'une miss Anna ou une miss Emily quelconque, habituée des salons de Hay-Market, reçoive, de temps à autre, une lettre ainsi conçue : « Quelques personnes qui s'intéressent à vous vous prient de vouloir bien venir prendre le thé tel jour, telle rue. » Naturellement, miss Émily, qui eft la curiosité même, s'empresse de revêtir ses ajuftements les plus coquets & de se rendre à l'adresse indiquée. Elle y trouve, — après le thé promis, — de pieuses âmes qui lui lisent un chapitre de la Genèse & plusieurs psaumes du roi David.

Hier, j'ai pris un chemin de fer qui, en un

peu moins d'une heure, m'a transporté au seuil de Claremond. La reine Marie-Amélie & les princes d'Orléans étaient absents ; j'ai pu visiter le parc, qui eft immense & admirable. Rarement de plus beaux arbres avaient frappé ma vue. Deux pièces d'eau, dont l'une a l'importance d'un lac, coupent de leur calme lumière des massifs de verdure agréablement disposés. Presque tous les sentiers sont bordés de lauriers roses ; quelques-uns aboutissent à de petits temples dans le ftyle mythologique du dernier siècle. Du haut d'un observatoire, semblable à une réduction de forteresse, on a un horizon infini. Le soleil, voilé à Londres, brillait à Claremond du plus pur éclat ; sur un gazon étincelant & dru se roulaient d'énormes moucherons au corselet de velours.

Le château de Claremond eft moins un château qu'une maison de belle apparence, blanche & respirant le comfort.

Je ne suis pas sans inquiétude au sujet de quelques lettres pour Paris que, dans ma précipitation, & sur une indication mal précisée, j'ai jetées hier dans un orifice placé à l'angle d'un magasin de denrées coloniales. Je crains que mes lettres ne soient tombées dans un baril de pruneaux.

LISBONNE

« Monsieur, la Compagnie générale des Paquebots à vapeur fluviaux & maritimes inaugurera, le 25 avril 1862, le nouvel itinéraire de sa ligne d'Espagne; &, ce même jour, le magnifique paquebot *la Ville de Breſt,* qui vient d'être conſtruit en Angleterre, entrera en service. Nous avons pensé, monsieur, qu'il serait de bon augure pour le nouveau service & le ſteamer neuf de les placer sous le patronage de quelques notabilités (*sic*), & nous avons décidé que ce premier départ serait affecté à un voyage de plaisir, auquel nous serions très-honorés si vous pouviez vous joindre. Le navire partira de Saint-Nazaire le 25, à midi; ci-joint l'itinéraire du voyage. On pourra facultativement s'arrêter à Cadix, pour aller visiter par chemin de fer Séville & Cordoue..., »

Il aurait fallu ne pas avoir une goutte de poésie dans les veines pour répondre par un refus à cette aimable invitation. La Compagnie avait également convié M. Théophile Gautier, M. Francisque Sarcey, M. Edmond About, M. Charles Habeneck, M. Louis de Cormenin, M. Édouard Pagnerre, M. Charles Brainne, M. Henri Fouquier & M. Félicien Mallefille, tous hommes de lettres, tous curieux, tous dilettanti. — Comment se fait-il que nous ne nous soyons trouvés que *trois* au moment de l'embarquement? L'Exposition de Londres réclamait les uns, m'a-t-on dit; les autres avaient redouté les caprices de la mer au printemps; d'autres peut-être se contentaient de l'Espagne des *Orientales* & de l'Andalousie des premières romances d'Alfred de Musset.

Les deux hardis confrères avec lesquels j'ai mis le pied sur *la Ville de Breft*, sont MM. Charles Habeneck & Fouquier. Un joli salon blanc rehaussé d'or a été mis à notre disposition; voici une table avec tout ce qu'il faut pour écrire; voici un divan avec tout ce qu'il faut pour sommeiller. Les bouquets d'un épais tapis s'épanouissent sous nos pantoufles; les glaces brillent au-dessus des consoles de marbre. C'eft dans ce salon, plus élégant qu'aucun cabinet de rédaction, que je noircis ces feuilles légères. Les premiers jours j'ai besoin de me répéter souvent : « Cadix ! Séville ! Xérès ! » pour perdre complétement la notion de la rue Bréda. Le mal de mer aidant, j'y réussis à moitié.

Notre première étape sur l'Océan, après trois jours de navigation, a été Lisbonne. Un soleil couchant de toute magnificence nous a fait complaisamment les honneurs de la capitale du Portugal. L'embouchure du Tage, si renommée, eſt encore, s'il se peut, au-dessus de sa réputation; c'eſt une largeur, une splendeur, une variété de perspectives, qui arrêtent sur les lèvres la sentimentale romance qu'on fredonnait déjà. A gauche, le Château des Maures élève dans les nuées ses assises fantaſtiques, — une chaîne de murailles & de donjons, en conversation réglée avec les Génies. A droite, dans un lointain sablonneux, se prolongent & s'étagent des montagnes qui servent de refuge, dit-on, à des populations demi-sauvages & tout à fait pillardes. Au fond, une centaine de mâts percent de leurs pointes blanches la vapeur pourpre de l'horizon, ayant pour sentinelle avancée la tour de Belem, le dernier mot de l'architecture chevaleresque. — On sait que Lisbonne partage avec Conſtantinople & Naples l'honneur d'être une des plus belles rades du monde. Elle eſt fière aussi de ses sept collines, sur lesquelles s'éparpillent, dans une charmante confusion, tant de palais, d'églises, de jardins & de maisons peintes en jaune, en vert, en rouge, en bleu, — si bien qu'on les croirait sorties d'une immense *bergerie*.

Je ne veux ni ne peux être prolixe. Toutefois, & juftement parce que je suis pressé, j'ai la prétention de voir plus nettement & de retenir plus fortement. Je me suis déjà expliqué là-dessus. Tel croquis rapide parle mieux à l'imagination que mainte toile savante. Quelqu'un qui demeure trois ou quatre mois dans un endroit finit par perdre la perception des détails; il voit tout par masses & de haut; encore les masses se font-elles insensiblement confuses, &, si haut qu'il se place, l'écho des banalités parlées ou écrites n'en monte pas moins jusqu'à lui. Je ne suis refté que quatre jours à Lisbonne : ce serait trop peu assurément pour un hiftorien, un archéologue ou un moralifte; c'eft assez pour un peintre — ou pour un chroniqueur.

Je vais, par exemple, essayer de reproduire la physionomie animée d'une rue de Lisbonne. Choisissons, si vous le voulez, la rue d'Or ou la rue d'Argent, — deux noms heureux pour une cité commerciale. La rue part du Tage & va à la colline; elle eft longue, elle eft large, elle a des trottoirs; mais elle est pavée, dans son milieu, de cailloux fort pointus. Ses maisons ont quatre ou cinq étages, très-espacés entre eux; la plupart sont couronnés par une mansarde dont le toit en tuiles d'un rouge vif se retrousse à ses deux coins à la mode chinoise. Sur ce toit, le vent sème au printemps des graines que la pluie féconde & qui deviennent de charmantes fleurettes; cette végétation aérienne est d'un effet gracieux & imprévu. Les magasins, — *armazem,* en langue portugaise, — étalent moins de coquetterie; chacun d'eux se compose d'une petite boutique étroite, toujours ouverte, où se tient un marchand silencieux &, en apparence, assez indifférent au sujet des chalands. Ce marchand est inévitablement un bijoutier, dans les deux rues que je viens de nommer. De marchande, je n'en ai point vu, c'est une chose digne de remarque & singulièrement disgracieuse. — La rue est sillonnée par des gens de la campagne montés sur des mules; par des femmes du peuple en manteau brun à collet de velours; par une quantité innombrable de porteurs d'eau, ayant sur l'épaule un baril peint de bandes oranges & vertes, & lançant toutes les secondes, sur une note aiguë, ce cri : *Agoa!* Deux gardes du palais, en culotte courte & en habit écarlate traversé par un baudrier, la pique au poing, rasent les maisons sans trop de solennité. Un nègre, coupable sans doute de quelque méfait, eſt escorté par des caporaux de police, le sabre nu. Au coin d'une église, un sacriſtain jaune & vert quête pour les âmes du purgatoire. Voici un enterrement : le char de la mort, conduit par un cocher coiffé d'un volumineux chapeau de général, eſt agrémenté de vignettes éplorées : saules, mausolées, tibias en croix. Un gamin ne se détourne pas, tout occupé d'un *cri-cri* qu'il porte dans une cage lilliputienne. — Le cri-cri représente une des passions & une des superſtitions du peuple de Lisbonne; on en vend par centaines dans les marchés, tous grouillant & tous chantant dans de grandes caisses parmi des feuilles de laitue qui leur servent de nourriture. Il y a des cages à un ou deux étages, pour un ou deux cri-cris; les artisans les suspendent à leur plafond ou les accrochent au-dessus de leur porte.

Mais la rue d'Or ou la rue d'Argent n'eſt pas à proprement parler la rue originale de Lisbonne. En de certains quartiers ariſtocratiques & moins fréquentés, vous trouverez des maisons à revêtements de faïence & à balcons treillissés; — en d'autres quartiers, principalement dans la vieille ville groupée autour & au-dessus de la cathédrale, vous vous heurterez au ſtyle arabe dans toute sa laideur & dans toute sa sauvagerie. Là abondent les ruelles lépreuses, les escaliers fangeux, les soupiraux plongeant dans l'ombre & dans la misère, les haillons féroces ; là rôdent des troupes nombreuses de chats jaunâtres & maigres, aux oreilles coupées. Ce côté de Lisbonne eft hideux, & comme pour en augmenter & en compléter l'aspect, un incident lugubre m'attendait dans la vafte église de Saint-Vincent. A peine y étais-je entré qu'un de mes compagnons me désignant une table de pierre à droite : « Regardez donc cette petite poupée, » me dit-il. Cette petite poupée était un enfant mort. Il paraît que les mères indigentes ont encore l'habitude d'exposer leurs enfants trépassés, afin qu'ils soient enterrés aux frais des prêtres. On fait tout ce que l'on peut pour les en empêcher, mais elles arrivent avec leur petit cadavre caché sous leur manteau ; elles guettent un moment de solitude, & ensuite elles se sauvent.

Je n'arrêterai pas plus longtemps votre attention sur ce tableau répugnant. Je préfère vous dire en somme quelle noble & brillante allure de grande capitale a cette Lisbonne, peu connue des touriftes, même des touriftes anglais. Des promenades ombragées & des jardins suspendus en varient le caractère régulier ; on y rencontre même des champs cultivés entre deux faubourgs. Les monuments sont la partie faible; j'entends les établissements publics, les théâtres, les couvents. Mais qu'attendre d'une ville presque entièrement rebâtie à la fin du dix-huitième siècle?

CADIX

« Voilà Cadix ! » s'écrie un passager,
Le doigt tendu sur les humides lieues.
Et, tout au loin, je vois se prolonger
La ligne blanche entre deux lignes bleues
Que précisa Byron d'un trait léger.
Je pourrais bien, sans être trop sévère,
Sur ce bleu-là chicaner aujourd'hui :
On eſt en mai, le soleil n'a pas lui,
Et l'Océan soulève un front colère.

J'ai débarqué. Que c'eſt propre & charmant !
Que c'eſt joli ! la gracieuse ville !
Comme on y marche à couvert, fraîchement,
Et que la vie y semble être facile !
(Je n'en voudrais ôter qu'une odeur d'huile
Qui vous saisit au nez étrangement.)

Mais quel brillant & coquet assemblage
De dômes blancs, de terrasses, de tours!
Quel dentellier rêva ce découpage
Et sur le ciel en fixa les contours?
Chaque maison, comme une cage verte,
Porte un balcon aux fers peinturlurés
Laissant tomber, par la vitre entr'ouverte
Un pan d'étoffe & des œillets pourprés.

Ces cages-là, dont le nombre eft immense,
Ces cages-là renferment des oiseaux
Tels qu'il n'en eft nulle part de plus beaux;
On vient de loin entendre leur romance.
C'eft à la nuit que s'ouvrent leurs barreaux;
Or, ces oiseaux, ce sont les Andalouses.
Elles s'en vont, la dentelle aux cheveux,
Le pied dans l'ombre & l'amour dans les yeux
A la clarté des étoiles jalouses.
Leur teint eft pâle, avivé d'or ardent;
Puis elles ont ces fameuses cambrures
Que l'éventail scande avec ses murmures!
Et ce sourire agaçant & qu'un rien
— Loin de Cadix — ferait parisien.

Non, il n'eft pas de ville plus accorte
Et mieux serrée en ses riches atours.
Cette Cadix eft neuve; mais qu'importe?
De ce neuf-là, donnez-m'en tous les jours.

Heureux celui qui, sous ses colonnettes,
Fait de sa vie un hymne aux cigarettes !

J'en étais là de mes ravissements,
Posant le pied sur toutes les demeures,
Ravi surtout des cours intérieures,
En marbre blanc, avec mille ornements,
Où les jets d'eau sèment des diamants;
Lorsque soudain une enseigne apparue
Vint me causer des éblouissements;
Deux mots,—pas plus,—avaient frappé ma vue;
Mais ces deux mots tenaient un mythe entier,
Car ils disaient tout haut : « Bertrand, bottier. »

Je crus tomber au milieu de la rue.
Bertrand, bottier ! là, tout tranquillement,
Dans le pays des fleurs & des guitares,
Auprès des flots soulevés chaudement,
Dans cet azur, dans cet enchantement.
O raillerie & témérité rares !
Bertrand, bottier. Pas autre chose, — un point.

Es-tu content, ô progrès ! n'as-tu point
A souhaiter encore d'autre palme?
Fi du poëme ! honneur au magasin !
Bertrand, bottier; en effet, c'eſt la fin,
La fin naïve & la conquête calme.
Ne parlez plus de César, d'Attila ;

L'envahisseur, le barbare, le maître,
L'homme du sort, regardez, le voilà :
C'eſt ce Français, Parisien peut-être,
Bertrand, bottier, sera suivi dans peu
De Jean, crémier, & de Dubois, lampiſte ;
Puis les brasseurs s'en viendront à la piſte.
Adieu, Cadix ! rêve & rayons, adieu !

Rimeurs, rimeurs, craignez, dans vos vertiges,
De rencontrer comme moi l'homme aux tiges !

SÉVILLE

Mon cher Villemessant,

Je m'en voudrais de ne pas vous écrire du pays de Figaro, de cette Séville si jolie & si fameuse. C'eſt un pèlerinage que vous devriez exiger de tous vos rédacteurs; on dirait désormais : « Aller à Séville, » comme on a dit longtemps : « Aller à Corinthe. » Rien n'y paraît guère changé depuis Beaumarchais & depuis Rossini; ce sont les mêmes rues, les mêmes arcades, les mêmes maisons. Le soir de mon arrivée, il y avait des soupirs de guitare dans tous les carrefours; les éventails bruissaient comme une envolée de hannetons; un Lindor, appuyé contre une fenêtre grillée, causait avec une jeune fille, qui l'écoutait en mordillant un œillet. Ce matin, je viens de coudoyer Basile, glissant le long des murs de la cathédrale. C'eſt bien là l'Espagne du chef-d'œuvre français & du chef-d'œuvre italien.

Rien n'y eſt changé, & cependant je sens qu'on doit se hâter de voir Séville, car il y a dans l'air un souffle de transformation. Ce souffle vient de Paris, cela va sans-dire. Il a déjà apporté le pantalon & il menace d'emporter le manteau. Les enfants sont habillés à la mode des nôtres, & il eſt présumable qu'en grandissant ils ne retourneront pas au coſtume de leurs pères. Hâtez-vous donc, touriſtes & poëtes, de voir Séville ! Hâtez-vous, avant que le chemin de fer des fils de Guilhou n'y organise des trains de plaisir & de vulgarisation ; avant que les courses de taureaux ne soient supprimées, — ce qui ne tardera pas. Hâtez-vous, pendant que c'eſt encore le triomphe de la fleur & du sang !

Ce qui, heureusement, promet de ne point disparaître sitôt, c'eſt l'Alcazar, si délicatement reſtauré & si soigneusement entretenu qu'il semble abandonné de la veille seulement par ses hôtes légendaires, ses princesses voilées, ses califes rêveurs. Pourtant la reſtauration n'eſt pas complète ; j'y voudrais des étoffes & des meubles.

« — Pourquoi pas les journaux du temps ? »

allez-vous me dire, mon cher Villemessant. Je voudrais encore que le marbre & la porcelaine fussent moins souvent imités par la peinture. Mais là, probablement, mon désir se heurte contre de respectables queſtions d'argent. — Lors de ma visite à l'Alcazar, un photographe y était inſtallé, la tête couverte d'un voile noir, & braquant son objectif de tous les côtés. Je ne fais pas de réflexion.

Quant aux jardins de l'Alcazar, malgré ma bonne volonté (nul n'eſt plus candide que moi — en voyage), je ne saurais retrouver la magnificence qui a inspiré aux auteurs de *la Favorite* ce morceau de poésie si populaire :

<blockquote>
Jardins de l'Alcazar, délices des rois maures,
Que j'aime à promener sous vos vieux sycomores
Les rêves amoureux dont s'enivre mon cœur !
</blockquote>

Les jardins de l'Alcazar, considérablement diminués sans doute, me sont apparus comme d'honnêtes petits potagers sans prétention. Et voilà comment on écrit... la musique !

Je ne sais pas si Jean Rousseau aime les Murillo; mais, s'il les aime, il n'a qu'à venir à Séville : il pourra s'en donner une indigeſtion. L'École des Beaux-Arts ne connaît pas d'autre peintre; ses tableaux occupent une modeſte salle de rez-de-chaussée, sans ornement, — je ne m'en plains pas, — mais sans confortable, & je m'en plains. Un tableau de M. Galimard eft mieux logé à Paris. Là, se trouvent la Vierge *peinte sur une serviette*, & un saint Thomas qui m'a particulièrement arrêté, — ce qui ne prouve pas grand'chose, je m'empresse de le dire, car mon opinion ne saurait être comptée en peinture. Je sens, & je me garde bien de juger.

Comme tous les bacheliers des romans de Le Sage, j'avais une lettre de recommandation auprès d'un chanoine de Séville, sur qui je comptais beaucoup pour explorer la cathédrale dans une infinité de ses détails inaperçus ou même inconnus du public, — car il eft telle sacriftie plus riche que l'église qui la contient. Mais ce digne personnage étant dangereusement malade, mon exploration a été sommaire.

Extérieurement, la cathédrale de Séville, où tous les ftyles se heurtent, n'a rien de saisissant; intérieurement, c'eft autre chose. La grandeur & la richesse y donnent une note suprême, même après Cologne & Milan. Il y a de quoi s'extasier pendant huit jours. Seule, la tour de la Giralda m'a tenu béant d'admiration toute une matinée; encore y suis-je revenu le soir, par le clair de lune.

On engage tous les voyageurs à visiter, —

après la promenade de *las Delicias*, sur la lisière de laquelle eft la demeure du prince de Montpensier, — on les engage, dis-je, à visiter la Fabrique de tabacs, qui eft d'ailleurs un fort médiocre édifice. Je ne suis dégoûté de rien, pas même de l'induftrie, & je me suis laissé conduire tranquillement dans un dédale de salles hautes & basses, à travers un grouillement indescriptible de trois ou quatre mille femmes, fort succinctement vêtues, à cause de la chaleur, & d'une attitude aussi éloignée que possible de la modeftie. Sans interrompre leur travail, sans bouger de leurs chaises & de leurs tables, — les unes coupant les feuilles du tabac, les autres les roulant, — elles m'envoyaient leurs saluts ironiques, leurs rires turbulents & leurs quolibets, auxquels mon ignorance de la langue m'empêchait d'être trop sensible. Le type espagnol se montre là dans toutes ses variétés & dans son cadre le plus gai; type éclatant, vivace, spirituel, capable, non pas d'éclipser les Parisiennes, mais de les faire oublier pendant un inftant, — l'inftant du désir.

Pour ce qui eft des hommes, mon cher Villemessant, ils vous ressemblent presque tous. Ils ont le regard droit, le menton orgueilleux, la poitrine bombée. Je vous savais bien, par la verve & l'activité, l'incarnation la plus complète de Figaro, mais j'ignorais que l'assimilation fût poussée jusqu'au physique. Enveloppez-vous d'un manteau & venez vous promener sur les bords du Guadalquivir, — tout le monde vous reconnaîtra.

Ils ont aussi, pour achever la ressemblance, votre intraitable sobriété ; mais ils n'ont pas grand mérite à cela. Ah ! misère & corde ! comme dit Thomas Vireloque, l'épouvantable nourriture que celle de Séville ! les bizarres combinaisons ! Cela doit venir des Bohémiens en ligne directe. Le mets national, par exemple, dont je n'ai pas retenu ou plutôt dont je n'ai pas voulu retenir le nom, s'apprête d'après la recette que voici : « De l'eau, de l'huile, des vieilles croûtes de pain, de la tomate, des morceaux de melon, de l'ail, du jambon, de l'ognon : le tout exposé à l'air pendant trois nuits. »

Ma répulsion ne s'étend pas cependant jusqu'aux vins; ce serait afficher une noire ingratitude, après l'accueil si touchant que j'ai reçu ces jours derniers, à Malaga, dans les caves les plus célèbres. J'ai toujours eu un tendre pour les vins d'Espagne. Eſt-ce parce que la littérature romantique les a célébrés à lyre que veux-tu ? Peut-être bien. — Je me souviens, à ce sujet, qu'il y a douze ans environ, Henry Mürger & moi, la tête pleine des poëmes amoureux

& insolents d'Alfred de Musset, nous achetâmes un soir, chez un épicier, une bouteille de xérès, que nous allâmes boire triomphalement tous deux dans une chambre d'hôtel garni, rue Mazarine. M. P.-J. Proudhon, à cette époque, occupait, dans le même hôtel, « tenu par Hautemule, » une chambre au-dessus de celle de Mürger. Ce fut d'une façon toute tapageuse que nous décoiffâmes notre flacon. Mürger m'appelait don Paëz & je l'appelais don Etur.

Les réminiscences cavalières nous arrivaient en foule; nous portâmes la santé de Juana d'Orvedo en invoquant tous les saints de la Castille. Peu s'en fallut qu'à propos de cette dame nous n'en vinssions aux mains; il cherchait un poignard, & moi je voulais renverser la bougie d'un coup de poing. — Sur notre tête, on entendait les pas réguliers de M. Proudhon, comme une moralité vivante. — Nous fîmes mutuellement de vains efforts pour rouler sous la table. Le xérès, qui avait coûté deux francs cinquante centimes, était atroce. Nous en fûmes très-incommodés.

Hélas! l'heure du vrai xérès, — du xérès de la Fonterra, — devait sonner pour moi seul! & aussi l'heure du valdepenas, de l'amontillado, de l'abocado! Vins éclatants, vins de pourpre & d'or, philtres oubliés par les enchanteurs d'Orient, j'ai demandé à vos aromes quelques-uns de ces châteaux dont l'Espagne a le monopole! Mais, ô douloureux symptômes, voici que je deviens insensiblement rétif au rêve & à l'illusion; voici que je ne sais plus, comme autrefois, m'attarder dans une songerie lumineuse; voici que j'ai perdu peu à peu l'art de galoper des nuits entières sur le balai de l'imagination. J'ai l'espérance courte, c'eft trifte à avouer, — courte comme l'heure présente. Si j'essaye encore, de temps en temps, de conftruire des châteaux en Espagne, ce ne sont plus des palais sur des cimes; c'eft quelque chétive maisonnette, jolie sans doute, mais d'une simplicité impardonnable. Chaque année emporte un peu de ma poésie. C'eft la peau de chagrin qui se rétrécit à vue d'œil dans la main du Raphaël de Balzac. Il ne m'en refte plus qu'un morceau large comme la paume; c'eft assez pour aujourd'hui; c'eft assez pour tendre mon verre au vin de Valdepenas, & boire à la santé de Figaro dans sa propre ville.

Recevez toutes mes cordialités, mon cher Villemessant, & croyez-moi bien à vous.

MALAGA

A Malaga débarqué
Depuis moins d'une semaine,
Mon cœur, mon cœur attaqué
Court déjà la pretantaine.

J'avais douté de Monpou,
Et, froid comme une banquise,
Nié la brune marquise
D'Amaëgui. J'étais fou.

La mantille, l'œil qui flambe,
L'éventail, le falbala,
C'était donc vrai, tout cela, —
Jusqu'au poignard à la jambe !

Elles sont deux sœurs ici
Qu'il faut aimer ou maudire.

J'irai même jusqu'à dire
Qu'elles sentent le roussi.

J'userais trente guitares
A célébrer leurs appas :
Leurs dents sont des perles rares.
Leurs cils n'en finissent pas.

L'épithète de gentilles
N'eſt point celle qu'il leur faut;
Ni femmes ni jeunes filles :
Espagnoles! c'eſt le mot.

Où les ai-je rencontrées?
A l'Alameda, parbleu!
Par une de ces soirées
Langoureuses sur fond bleu.

Une odeur de sortilége
Sur-le-champ me subjugua.
A présent, ô Malaga,
De tes murs quand sortirai-je?

Le matin, j'essaye en vain
De répandre sur ma flamme
Un vin noir! un vin!! un vin!!!
Toujours brûle ma pauvre âme.

Combien de temps durera
Ce déplorable incendie?

A vos pieds je psalmodie,
Mon Inez! ma Juana!

Donc, le matin, à la cave;
Le soir, à l'Alameda;
Ecris-moi, mon cher Gustave,
Cœur reſtant, à Malaga.

LES COMPAGNONS DE VOYAGE

―――

J'ai voulu, à la fin de ce recueil, noter quelques travers des personnes auxquelles le hasard ou ma volonté ont associé ma vie pendant des jours, des semaines ou des mois. Le voyage est une pierre de touche d'une efficacité singulière; il développe, dans toute leur sincérité surprise, les caractères & les manies.

S'il y avait une conclusion quelconque à tirer de ces lignes, tournées seulement dans le sens enjoué (le côté dramatique est réservé pour une autre fois), ce serait celle-ci :

« *Le véritable voyageur doit se passer de compagnons de voyage.* »

I

PREMIÈRE VARIÉTÉ

LE PARESSEUX

Un garçon d'hotel. — Monsieur, il eft huit heures.

Moi. — Merci. Avez-vous été frapper chez mon ami, à côté ?

Le garçon. — Oui, monsieur, mais ce monsieur ne m'a pas répondu.

Moi. — Il fallait entrer.

Le garçon. — Ce monsieur s'était enfermé.

Moi. — C'eft bon ; je me charge de le faire lever. (*Allant à une porte.*) Pan ! pan ! Ouvre, c'eft moi ; ouvre donc. Je t'avertis que j'enfonce la porte.

Le paresseux, *ouvrant, en chemise.* — Qu'eft-ce qu'il y a ? le feu à l'*albergo* ?

Moi. — Il y a qu'il eft huit heures, & que nous avons à peine le temps de tout visiter.

Le paresseux, *se replongeant vivement dans son lit.* — Huit heures ! jamais de la vie ! impossible ! tu veux dire six heures.

Moi. — Regarde! (*Tirant les rideaux de la fenêtre.*) Un soleil magnifique.

Le paresseux, *ramenant la couverture sur son nez*. — Veux-tu finir? Tu m'aveugles! Tu m'enfonces un fer rouge dans les yeux! Cache ça! Dérobe-moi ce disque!

Moi. — Tu vas te lever, j'espère.

Le paresseux. — Je suis malade.

Moi. — Je la connais.

Le paresseux. — Parole d'honneur! j'ai passé une nuit atroce; ces lits d'hôtellerie sont ignobles. Ton malheureux ami est entièrement tatoué par les punaises.

Moi. — Raison de plus pour te lever.

Le paresseux. — J'ai lu très-tard.

Moi. — Quoi? qu'as-tu lu? Il n'y a pas de livre ici.

Le paresseux. — Laisse-moi dormir encore pendant deux heures, je t'en prie.

Moi. — Voilà ton pantalon.

Le paresseux. — Il n'est pas brossé. (*Suppliant*). Une heure au moins, rien qu'une heure!

Moi. — Ah ça! es-tu venu en Italie pour dormir? Voyons, un peu d'énergie. Le grand air te remettra.

Le paresseux. — Le grand air est mon ennemi.

Moi. — Mais, malheureux, tu ne tiens donc pas à voir le Dôme !

Le paresseux. — Oh ! le Dôme eſt bien surfait... Et puis, j'achèterai le livre de Théophile Gautier.

Moi. — Lâche ! Énervé ! Couard !

Le paresseux. — Écoute : va tout seul voir le Dôme, & reviens me prendre pour déjeuner. Je te promets d'être debout, je te le jure !

Moi. — Non, tu me sauras gré plus tard de t'avoir arraché à ce sommeil honteux. (*Une lutte s'engage.*)

II

DEUXIÈME VARIÉTÉ

LE MUSARD

Le musard. — T, a, ta... b, a, c, bac... tabac.

Moi. — Si tu vas t'amuser à lire toutes les enseignes !

Le musard. — Il faut bien faire quelque chose en voyage.

Moi. — Allons, viens donc. Qu'eſt-ce que tu regardes, à présent ?

Le musard. — Ce petit mendiant. Il eſt bien campé, il a du ſtyle. Tiens, il joue avec une petite bête. Qu'eſt-ce que cela peut bien être que cette petite bête ?

Moi. — Parbleu ! c'eſt un hanneton.

Le musard. — Il y a donc des hannetons partout ? Si j'en achetais ?

Moi. — Oh !

Le musard. — J'aime à rapporter quelque souvenir des contrées que j'ai explorées. Si jamais, par exemple, je visite l'Afrique, je veux en rapporter un lion.

Moi. — Un lion, à la bonne heure ; cela se conçoit. Mais un hanneton !

Le musard. — Et puis, un arc & des flèches.

Moi. — Allons, viens, viens.

Le musard. — Pour mettre dans mon cabinet, au-dessus de ma bibliothèque. Vois-tu d'ici l'effet ?

Moi. — Oui, oui.

Le musard. — Mais le vois-tu parfaitement ?

Moi. — Oh !

Le musard. — Ne t'impatiente pas, mon Dieu ! On ne peut pas te parler aujourd'hui ; tu es comme un crin.

Moi. — C'eſt que aussi tu t'arrêtes à des riens.

Le musard. — Les riens sont le charme de la

route. Demande à Sterne. Je parie que tu n'as pas lu Sterne?

Moi. — Tu me fais hausser les épaules.

Le musard. — Alors tu ne l'as pas compris ou tu n'as pas voulu le comprendre. Laisse-moi te faire une comparaison.

Moi. — Tu peux faire ta comparaison en continuant de marcher, je suppose.

Le musard. — Cela dépend.

Moi. — Tiens! contemple plutôt cette échappée du fleuve à travers le vieux quartier. Voilà qui vaut la peine de s'arrêter.

Le musard. — Es-tu sûr que ce soit un fleuve?

Moi. — Un fleuve ou une rivière...

Le musard. — C'eft que c'eft bien différent.

Moi. — Montes-tu avec moi dans la Tour?

Le musard. — C'eft ça, la Tour?

Moi. — Tu le vois bien.

Le musard. — Eft-ce curieux?

Moi. — Tous les *Guides* en parlent.

Le musard. — Mais... très-curieux?

Moi. — Oh!

Le musard. — Là, là... Je crois me souvenir effectivement que de grands événements hiftoriques s'y sont accomplis. Écoute : va devant.

Moi. — Eh bien! & toi?

Le musard. — Je te suis. Il faut que j'entre dans ce magasin.

Moi. — Pour quoi faire?

Le musard. — Un achat indispensable. J'ai besoin de renouveler ma provision de pains à cacheter.

III

TROISIÈME VARIÉTÉ

LE VOLTAIRIEN

Le voltairien. — Hum! vous ne m'aviez pas prévenu qu'il y avait tant de prêtres dans ce pays-là.

Moi. — Qu'eft-ce que cela vous fait?

Le voltairien. — Vous savez que je ne peux pas sentir ces oiseaux. C'eft plus fort que moi. — Allons, bon! un capucin qui vient à droite. Prenons vite à gauche.

Moi. — Mais cela nous dérange de notre itinéraire.

Le voltairien. — Oh! un simple crochet.

Moi. — Voilà cinq ou six crochets que vous nous faites faire. Je ne reconnais plus mon chemin.

Le voltairien. — Pourquoi diable aussi pleut-il des calotins? Cela m'enrage de voir ces fainéants en robe noire! Eſt-ce que tous ces bras ne seraient pas mieux employés à cultiver la terre, je vous le demande?

Moi. — On a écrit sur ce sujet.

Le voltairien. — Vous ne savez que railler, vous. Vous êtes bien heureux. (*Tressaillant.*) Un autre maintenant! Là-bas, en face de nous. Qu'eſt-ce que c'eſt que celui-là, un carme ou un cordelier?

Moi. — Un dominicain.

Le voltairien. — Comme il ferait un beau carabinier! Retournons sur nos pas.

Moi. — Ah non! cette fois; non! non!

Le voltairien. — Alors je vais l'exorciser avec quatre vers de *la Pucelle*.

Moi. — Voyons, Chagornac, ne nous compromettez pas.

Le voltairien. — Au moins, avez-vous un morceau de fer sur vous, une clef, n'importe quoi? Fouillez dans vos poches, fouillez promptement; le voilà qui approche.

Moi. — Je n'ai que ma lime à ongles.

Le voltairien. — Donnez. Il ne faut jamais manquer de toucher un morceau de fer lorsqu'un curé passe auprès de vous; cela éloigne le mauvais sort.

Moi. — Ah! enfin, voici la cathédrale!

Le voltairien, *bondissant*. — Eft-ce que vous allez entrer là-dedans?

Moi. — Puisque nous avons fait le voyage tout exprès... Et vous?

Le voltairien. — Moi! mettre le pied dans le temple de la superftition & du fanatisme! Jamais!

Moi. — On ne vous force pas à vous confesser; vous regarderez les vitraux.

Le voltairien. — Jamais! Je vous attendrai dehors, en fumant un cigare.

IV

QUATRIÈME VARIÉTÉ

L'AMOUREUX

L'amoureux. — Avez-vous vu? avez-vous vu?

Moi. — Quoi?

L'amoureux. — Comme elle a retourné la tête.

Moi. — C'eft tout naturel, puisque nous sommes des étrangers.

L'amoureux. — Quels cheveux! quelle taille! Il faut que je la revoie. Marchez toujours; je suis lefte; je vous rattraperai. (*Il s'échappe.*)

Moi. — Eh bien! il se sauve encore? Comme c'eft agréable! Nous avons passé hier toute notre soirée à sa recherche.

L'amoureux, *revenant*. — Ah! mes amis! divine! incomparable! Qu'on a raison de dire que les Andalouses sont les plus jolies femmes de l'Espagne! Elle eft entrée dans une maison de la rue Asdrubal, mais auparavant elle m'a lancé un regard... Ah! je reviendrai par ici!

Moi. — Quand? Nous repartons demain.

L'amoureux. — Eh bien! l'été prochain, ou l'autre; mais je reviendrai certainement.

Moi. — En attendant, hâtons le pas; l'heure nous talonne.

L'amoureux. — Oui, marchons, je le veux bien.

Moi. — A qui envoies-tu comme cela des baisers?

L'amoureux. — A cette petite marchande d'œillets. Elle eft délicieuse, n'eft-ce pas? Tiens, elle rit. Bonjour, mademoiselle! Laisse-moi lui parler.

Moi. — Tu ne sais pas l'espagnol.

L'amoureux. — Voilà ce qui te trompe. Dans tous les pays où je vais, ma première affaire eft d'apprendre les quelques mots qui constituent une déclaration à une femme.

Moi. — Rien que cela?

L'amoureux. — C'est le fond de la langue, comme dirait Beaumarchais.

Moi. — Dépêchons-nous, linguiste ; prends notre bras.

L'amoureux. — Vous êtes, Paul & toi, deux vrais glaçons. A quoi vous sert de voyager, si vous ne faites pas attention aux femmes?

Moi. — Nous y faisons attention, mais nous ne regardons pas qu'elles.

L'amoureux. — C'est pourtant ce qu'il y a de plus intéressant au monde. Moi, je l'avoue, je voyage avec mon cœur.

Moi. — Ton cœur ! ton cœur !

L'amoureux. — Plaisantez tant que vous voudrez, je... Ah! (*Il tombe en arrêt.*)

Moi. — Qu'as-tu à nous serrer si fort le coude?

L'amoureux. — Là, à cette fenêtre... quelle ravissante jeune fille ! Une tête de vierge!

Moi. — Une tête, oui.

L'amoureux. — Je vous jure qu'elle m'a fait signe ; je l'ai bien vu. Mes amis, je ne vous demande que dix minutes, pas davantage. Le temps de monter chez elle, de me jeter à ses genoux & de redescendre.

Moi. — Tu es fou ! nous ne te lâchons pas!

L'amoureux. — Mes amis! mes amis! (*Il parvient à se dégager.*) Je vous rejoins à l'hôtel...

Moi. — C'est joli!

V

CINQUIÈME VARIÉTÉ

LE POSITIF

Le positif, *consultant sa montre*. — Assez admiré comme cela! Partons.

Moi. — Oh! encore! encore un inftant!

Le positif. — Il eft trois heures & demie; vérifiez plutôt.

Moi. — Nous n'avons vu ni la salle des bronzes, ni la galerie des gravures.

Le positif. — Je ne soutiens pas le contraire; mais notre programme ne porte que deux heures à consacrer à l'examen de ce muséum. Les deux heures sont expirées.

Moi. — Hé! nous ne voyageons pas seulement pour exécuter ton programme.

Le positif. — Tant pis! car il a été sagement élaboré & prudemment combiné.

Moi. — Qu'eſt-ce que la sagesse a à faire ici? Examine ce Titien, cette chair, cette vie, cette lumière!

Le positif. — J'ai apprécié tout cela d'un coup d'œil. Je n'ai pas besoin de recourir à vos pâmoisons. Sous une froideur apparente, je cache un jugement artiſtique plus complet que le vôtre.

Moi. — Voilà du nouveau.

Le positif. — Exemple : Un seul de vous, dans son enthousiasme pour ce tableau de Rubens...

Moi. — Du Titien.

Le positif. — ..... A-t-il remarqué combien le côté gauche du cadre eſt dégradé?

Moi. — Ma foi! non.

Le positif. — Cela saute aux yeux, pourtant. Je vous accorde vingt minutes de supplément, mais pas une seconde avec, ou tout eſt perdu.

Moi. — Le splendide Palma !

Le positif. — Vous ne voudriez pas manquer le chemin de fer. Le dernier départ a lieu à six heures quinze; je m'en suis exaĉtement informé.

Moi. — Et ce Carrache... eſt-il assez étoffé, assez pompeux!

Le positif. — Pourtant il eſt nécessaire de se trouver à la gare un quart d'heure auparavant; vous le comprenez aisément.

Moi. — Tyran ! bourreau !

Le positif. — Combien d'argent avez-vous l'intention de donner au gardien ?

Moi. — Ce que tu jugeras convenable; fais à ta guise.

Le positif. — A ce propos, vous savez qu'il faut arrêter nos comptes d'hier.

Moi. — Plus tard.

Le positif. — Chacun de vous, messieurs, me doit, pour sa part, trente-sept francs juste.

Moi. — Grâce !

Le positif. — Sauf erreur ou omission.

Moi. — Te tairas-tu, tortionnaire !

Le positif. — Et voilà comme on me remercie ! Dévouez-vous donc pour vos compagnons de voyage !

FIN.

TABLE DES MATIÈRES

	Pages
MONTMARTRE.	1
PARIS. — I. L'aurore.	13
II. L'heure de l'absinthe.	16
III. La vieille marchande.	19
IV. Le petit pâtissier.	23
V. Ceux qui ne veulent pas rentrer chez eux.	26
LE CROISIC.	31
SAINT-MALO.	49
DE DINAN A SAINT-THÉGONNEC.	57
LANDERNEAU.	69
QUIMPER-CORENTIN.	77
LYON. — I. Jérôme Coton.	85
II. Guignol.	97
AMIENS.	113
BORDEAUX.	117
TOULOUSE. — I. La rue Gourmande.	175
II. Le café du Cours.	178
III. Méditations dans une chambre d'hôtel.	181

TABLE DES MATIÈRES

	Pages
STRASBOURG	185
BADEN-BADEN	193
ITALIE	199
ANVERS	265
LONDRES	271
LISBONNE	281
CADIX	289
SÉVILLE	293
MALAGA	301
LES COMPAGNONS DE VOYAGE	305
I. *Première variété.* — Le Paresseux	306
II. *Deuxième variété.* — Le Musard	308
III. *Troisième variété.* — Le Voltairien	311
IV. *Quatrième variété.* — L'Amoureux	313
V. *Cinquième variété.* — Le Positif	316

FIN DE LA TABLE

PARIS. — IMPRIMERIE POUPART-DAVYL ET COMP., RUE DU BAC, 30.

www.ingramcontent.com/pod-product-compliance
Lightning Source LLC
Chambersburg PA
CBHW071238160426
43196CB00009B/1107